알쏭달쏭 날씨책

2005년 12월 20일 초판 발행
2012년 2월 10일 8쇄 발행

지은이 | 박용기
그린이 | 현태준
펴낸이 | 김기옥
펴낸곳 | 봄나무
대   표 | 송주호
편집디자인 | 미르
교열 | 신정숙
등록 | 제313-2004-50호(2004년 2월 25일)
주소 | 121-839 서울시 마포구 서교동 392-34 강원빌딩 5층
전화 (02) 325-6694 | 팩스 (02) 707-0198
이메일 | songjh@hansmedia.com

도서주문 | 한즈미디어(주)
주소 | 121-839 서울시 마포구 서교동 392-34 강원빌딩 5층
전화 (02) 707-0337 | 팩스 (02) 707-0198

ⓒ 박용기, 현태준, 2005
ISBN 89-956250-9-0 73400

* 사진 제공|알파 포토스
  8, 20, 28, 30, 37, 43, 47, 56, 84, 86, 87, 88, 89,
  90, 91, 100, 142, 156, 161, 164, 177
* 사진 제공|이대암 85
* 이 책 내용의 일부 또는 전부를 재사용하려면
  반드시 저작권자와 봄나무 양측의 동의를 얻어야 합니다.
* 이 책에 실린 사진 일부는 저작권자를 찾지 못한 채 쓰였습니다.
  뒤에 연락해주시면 합당한 사용료를 드리겠습니다.
* 책값은 뒤표지에 나와 있습니다.

날씨책

 **머리글**

과학의 눈으로 '날씨'를 보자!

　우리 민족의 역사가 담긴 《삼국유사》를 보면 환웅이 세상을 다스리려고 하늘에서 내려올 때 풍백, 우사, 운사를 거느리고 왔다고 나와 있습니다. 여기서 풍백, 우사, 운사란 바람과 비, 그리고 구름을 다스리는 어른들이에요. 이것만 보더라도 우리 민족을 비롯해 인류의 역사에서 날씨가 얼마나 중요한 것인지 짐작할 수 있습니다.

　태양계의 작은 행성인 지구에서 이토록 많은 생물이 번성할 수 있었던 것도 전적으로 날씨 덕분이었습니다. 지구는 지난 수억 년 동안 아주 춥지도 덥지도 않았어요. 빙하기라고 하면 생물이 살 수 없을 만큼 추웠다고 생각하기 쉽지만, 실제로는 평균 기온이 17도 정도 낮았을 뿐이거든요.

　약 6천5백만 년 전에 공룡이 멸종한 까닭도 우주에서 날아든 운석 때문이 아니라 운석으로 인해 갑자기 변한 날씨 탓이라고 합니다. 그때 지구에 살던 생물의 절반가량이 공룡과 함께 사라졌대요. 하지만 마지막까지 살아남은 몇몇 포유류가 오늘날 인간으로까지 진화했습니다. 공룡이 사라진 것은 안 된 일이지만 그 덕분에 우리가 있게 된 것이지요. 날씨는 그만큼 모든 생물에게 중요할 수밖에 없는 자연 현상입니다.

　그런데 우리는 날씨를 당연히 있게 마련인 것쯤으로 여기는 것 같습니다. 마치 공기나 물의 고마움을 잊고 사는 것처럼 말이에요. 그저 내일 비가 올지 안 올지, 또 얼마나 춥고 더울지 걱정할 뿐입니다. 만약 공룡이 멸종할 때처럼 갑자기 날씨가 크게 변한다면 어떻게 될까요?

    요즘 지구의 날씨가 심상치 않습니다. 세계 여러 곳에서 폭설과 폭우, 한파가 들이닥쳐 많은 사람이 죽고 다쳤다는 소식이 하루가 멀다 하고 들려옵니다. 얼마 전에는 미국에서 거대한 허리케인이 몰려와 도시 전체가 물에 잠긴 일이 있었지요? 앞으로 이런 일이 더욱 자주 생길지 모른다고 과학자들은 경고하고 있어요. 그리고 그때마다 입에 오르내리는 말이 '지구 온난화'입니다. 지구는 왜 갈수록 더워지는 것일까요?

    생명체를 복제하고, 우주 속 먼 곳으로 우주선을 보낼 만큼 과학이 발달했다지만, 날씨는 단 며칠도 정확하게 예측하지 못하고 있습니다. 그러고 보면 참으로 알듯 말듯한 것이 바로 날씨예요. 그리고 기상청은 일기도나 그리는 곳쯤으로 생각하는 사람들이 아직도 적지 않습니다. 우리나라에서 가장 큰 컴퓨터가 날씨 예보를 위해서 돌아가고 있다는 것을 아는 사람이 몇이나 될까요?

    지구를 둘러싼 공기가 없으면 우리는 단 몇 분도 살지 못합니다. 이처럼 사람들은 공기의 흐름 속에서 살아가는 것이지요. 이 공기의 흐름이 곧 날씨입니다. 날씨는 우리에게 자연이 얼마나 신비롭고 놀라운 세계인지 보여줍니다. 그럼 과학의 눈을 크게 뜨고, 저 하늘의 구름과 빗방울 속으로 떠나 볼까요?

2005년 12월, 박용기

차례

1 지구는 어디에서 왔을까?

- 비는 어떻게 오는 걸까? 10
- 까마득한 옛날 우주가 처음 생겼을 때 15
- 펄펄 끓는 지구 24
- 지구도 빛을 내보낸다 27
- 산소 때문에 멸종한 생물 33

2 공기는 지구의 얼굴

- 목숨을 건 도전 42
- 하늘 높은 곳이 뜨겁다고? 45
- 성층권은 공기의 천장 51
- 공기가 전파도 꺾는다? 53

3 바람과 비

- 공기는 얼마나 무거울까? 58
- 바람은 어디서 불어 올까? 65
- 바람은 고기압에서 저기압으로 분다 68
- 하늘로 올라간 공기는 어떻게 될까? 71
- 수증기의 변신 74
- 구름의 탄생 77
- 구름은 어떻게 비가 될까? 92
- 달걀만 한 우박 95

4 공기의 거대한 흐름

- 지구는 커다란 팽이 104
- 지구를 둘러싼 공기의 거대한 흐름 111
- 없지만 있는 힘, 코리올리 효과 121
- 바람의 왕, 제트 기류 128
- 해마다 찾아오는 바람, 계절풍 130
- 전선이 뭐지? 135

5 무시무시한 자연의 힘, 태풍

- 태풍은 어디에서 올까? 144
- 폭풍 속의 고요, 태풍의 눈 149
- 태풍은 왜 우리나라로 올라올까? 152

6 따뜻해지는 지구, 추워지는 날씨

- 지진이 날씨를 바꾼다? 160
- 옛날에도 따뜻한 때가 있었다? 165
- 공전 궤도가 날씨를 바꾼다고? 172
- 태양도 변한다 175
- 바다는 날씨의 오른팔 179
- 아기예수의 분노 184
- 미래의 날씨 189

1 지구는 어디에서 왔을까?

- 비는 어떻게 오는 걸까?
- 까마득한 옛날 우주가 처음 생겼을 때
- 펄펄 끓는 지구
- 지구도 빛을 내보낸다
- 산소 때문에 멸종한 생물

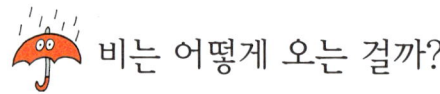 비는 어떻게 오는 걸까?

"우산 가져가. 비 온대."

늦잠을 자고 일어나 허둥지둥 집을 나서는 아이에게 엄마가 소리칩니다.

"싫어. 비 안 와."

비 올 거라며 혼자 우산을 들고 갔다가 창피를 당한 적이 있어서인지 아이는 일기 예보를 믿으려 들지 않습니다. 하지만 정오쯤 되자 빗방울이 후두둑 떨어집니다. 아이는 엄마 말을 듣지 않은 것을 뉘우칩니다. 반 친구의 절반쯤은 우산을 가져왔군요.

교문 앞에는 많은 엄마들이 조그만 우산을 옆구리에 끼고 아이들이 나오기를 기다리고 있습니다. 아이는 그 가운데 자기 엄마를 찾아보지만 보이지 않습니다. 문득 부모 잃은 아이처럼 외롭고 슬픕니다.

건널목 앞에서 이마에 떨어진 빗방울을 훔치다 아이는 길 건너편에서 자기를 보고 손 흔드는 사람을 봅니다. 엄마입니다. 초록 불이 켜지자 아이는 뛰어갑니다.

"거봐, 우산 가져가랬잖아."

엄마가 아이 눈치를 보고 일부러 퉁명스럽게 말합니다.

"왜 이렇게 늦었어?"

아이도 지지 않으려는 듯 데면데면 말합니다만, 사실 기분은 좋아졌습니다. 엄마를 보자마자 울적했던 마음이 빗물에 씻겨 가 버렸거든요. 쾌활해진 아이가 엄마에게 대뜸 물었습니다.

"그런데 엄마, 비는 왜 오는 거야?"

"응? 비? 그게……."

엄마가 대답을 못하고 더듬거립니다.

'비가 왜 오냐고? 당연한 거 아냐? 아침에는 해가 뜨고 여름이

가면 가을이 오는 것처럼, 때가 되면 비도 당연히 오는 거잖아.'

엄마는 문득 이런 생각이 들었습니다만, 아이는 혹시 이렇게 물어야 할 것을 잘못 물은 건 아닐까요?

"비는 어떻게 오는 거야?"

비가 어떻게 내리는지는 과학의 눈으로 보면 알 수 있습니다. 하지만 비가 왜 내리는지는 과학적 사고만으로는 부족합니다. 호기심을 가지는 것도 소중하지만, 그 호기심을 풀어 가는 과정도 아주 중요하거든요. 날씨가 우리 삶에 얼마나 큰 영향을 끼치는지 굳이 설명하지 않아도 잘 알고 있겠지요? 오랜 옛날부터 오늘날까지 날씨는 사람들에게 축복이자 재앙이었어요.

물과 공기는 모든 생명체의 목숨과도 같다고 합니다. 물과 공기가 없으면 그 무엇도 이 세상에 살 수 없으니까요. 날씨는 이 물과 공기를 바뀌게 하고 움직이게 하고 새롭게 만들기도 합니다. 날씨가 없다면 지구는 금성이나 화성처럼 생명체라고는 찾아볼 수 없는 황량한 별로 남았을 거예요.

하지만 날씨는 인간을 위해서 있는 것이 아니라, 지구라는 별(행성)이 본디 가지고 있는 거대한 조절 장치입니다. 날씨라는 조절 장치는 생명체들이 잘 살 수 있도록 조절하지만, 때로는 아무도 살 수 없는 혹독한 환경을 만들어 내기도 해요.

거대한 폭풍우는 많은 비와 거센 바람을 몰고 와 도시를 송두리째 삼켜 버리기도 합니다. 가뭄이 오래 되면 땅은 풀 한 포기 자랄 수 없는 불모지가 되기도 하고, 무서운 추위는 생명체를 얼어붙게 해서 멸종하는 일도 생깁니다. 그러니 날씨가 사람을 살릴 수도 죽일 수도 있다는 이야기지요.

오늘날 우리는 화성에 우주선을 보내고, 생명을 복제하는 과학 기술까지 가지게 되었지만, 태풍을 없앤다거나 일주일 뒤의 날씨를 정확하게 내다볼 수 있는 능력은 아직 없습니다. 그만큼 날씨에 대해서 모르는 것이 많다는 뜻이지요.

얼마 전까지만 해도 과학자들은 날씨는 그저 자연 현상 중 하나라고만 여겼습니다. 인간이 어떻게 할 수 있는 것이 아니라고 본 거지요. 하지만 오늘날은 인간이 환경을 바꾸고 있고, 그에 따라 날씨도 빠르게 바뀐다고 과학자들은 믿고 있습니다.

그도 그럴 것이 사람들이 나무를 마구 베다 쓰는 바람에 아마존 같은 거대한 숲이 파괴되었습니다. 석탄이나 석유처럼 다시 쓸 수 없는 자원을 에너지로 써서 공기는 몹시 오염되었어요. 지구는 갈수록 더워지고 자외선을 막아 주는 오존층에도 큼직

한 구멍이 뚫려 있습니다.

그러므로 지나친 날씨 변화는 어쩔 수 없는 자연 재해일 때도 있지만 사람들 때문에 일어나기도 합니다. 바로 인간의 활동이 날씨를 바꾸고 있다는 이야기지요. 이것이 비가 왜, 그리고 어떻게 오는지 알아야 하는 까닭이고, 호기심을 풀어 가는 과정이 호기심만큼이나 중요한 까닭이기도 합니다.

밤하늘에 반짝이는 별을 보고 별다른 생각이 떠오르지 않는 사람에게는 우주 세계도 시시하겠지요. 그러나 그 별이 얼마나 멀리 떨어져 있는지, 어떻게 생겼는지, 별자리 하나에도 얼마나 아름답고 슬픈 이야기가 담겨 있는지 아는 사람에게는, 하늘은 끝없는 상상으로 가득 찬 세계일 것입니다.

날씨도 마찬가지입니다. 눈에 보이지 않는 공기의 흐름에도 어떤 질서가 있는데, 그것을 알게 되었을 때 자연은 훨씬 신비롭게 느껴질 거예요. 하늘에 걸려 있는 무지개나 서쪽 하늘을 뒤덮은 붉은 저녁놀을 본 적 있는 친구라면, 지구를 둘러싼 대기의 변화가 얼마나 아름다운지 느낄 것입니다.

자, 이제 손오공처럼 구름을 타고 하늘 이곳저곳을 돌아다니며 날씨가 부리는 온갖 재주를 구경하러 갈까요? 아참, 그전에 먼저 이 우주와 지구가 어떻게 생겨났는지 알아봐야지요. 왜냐하면 날씨라는 것이 어제 오늘의 일이 아니고 수십억 년 된 지구의 역사와 힘께 변화해 온 것이기 때문이지요.

 까마득한 옛날, 우주가 처음 생겼을 때

우주가 생기기 전, 아주 까마득히 먼 옛날에는 시간이라는 것도 공간이라는 것도 없었습니다. 그러던 어느 날, '쾅!' 하고 그 야말로 온 세상을 뒤흔드는 커다란 폭발과 함께 우주가 태어났습니다. 그때부터 시간은 흐르기 시작했고 공간은 끝없이 넓게 펼쳐졌습니다.

처음 폭발이 일어났을 때, 우주는 상상도 하기 어려울 만큼 많은 에너지를 품고 있었습니다. 이 에너지가 하나 둘씩 모여 물질을 이루는 가장 작은 덩어리, 즉 '전자'와 '양성자' 같은 소립자가 되었지요. 처음에는 워낙 뜨거웠기 때문에 이 작은 덩어리들은 서로 뭉치지 못하고 여기저기로 흩어져 있었습니다. 폭발

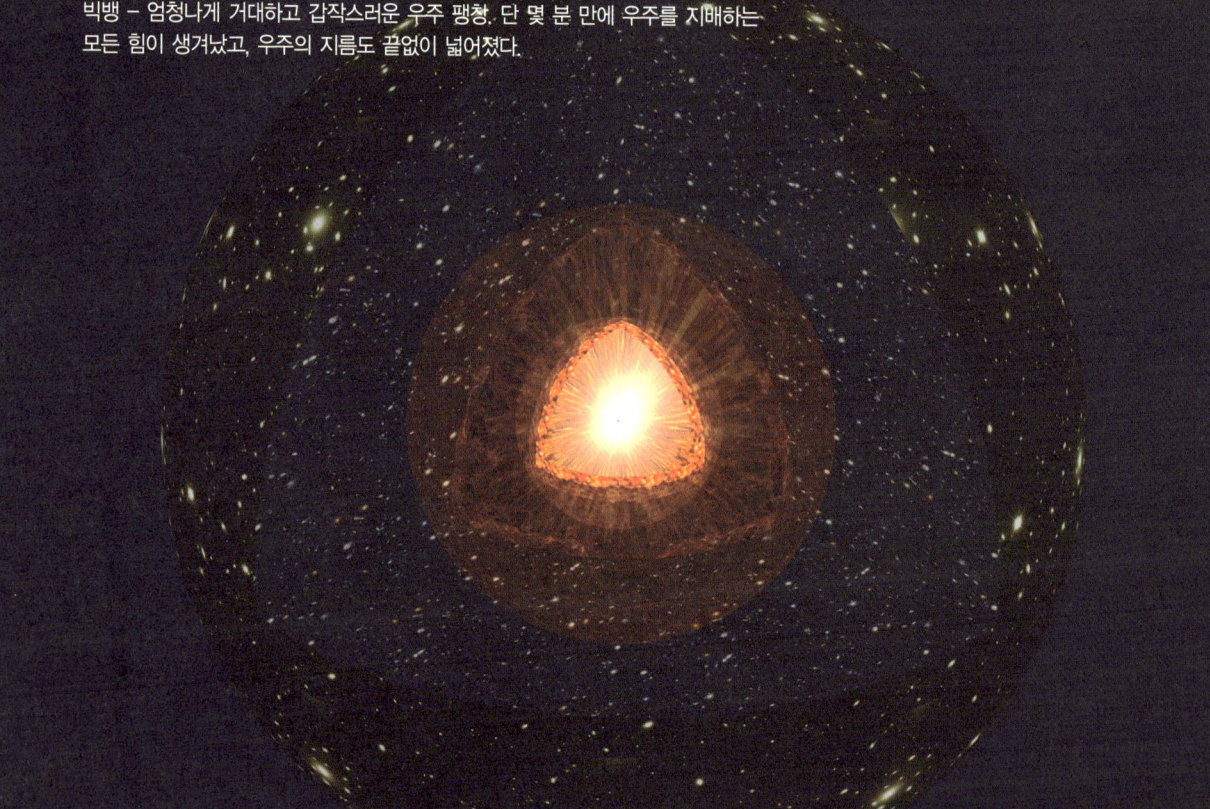

빅뱅 – 엄청나게 거대하고 갑작스러운 우주 팽창. 단 몇 분 만에 우주를 지배하는 모든 힘이 생겨났고, 우주의 지름도 끝없이 넓어졌다.

할 때 생긴 엄청난 힘은 우주를 끝없이 넓혀 갔어요.

여기서 잠깐!

 자전거를 타고 가다 바퀴에 바람이 빠져서 펌프로 공기를 넣어 본 적 있나요? 이때 바퀴가 팽팽해질수록 밸브도 따뜻해지지요? 왜 그럴까요? 아직 못 해 봤다면 다음에 공기 넣을 때 꼭 확인해 보세요.
 공기는 여러 가지 기체로 이루어져 있습니다. 이 기체들이 좁은 공간에 많이 모여 있으면 조금만 움직여도 서로 부딪치게 됩니다. 자전거 바퀴 안쪽 벽에서도 마찬가지예요. 바퀴 안에 꽉 들어찬 공기가 서로 부딪치면서 열을 내기 때문에 밸브 둘레가 따뜻해지는 것입니다.
 반대로 밸브를 열어 바퀴 안에 있던 공기를 밖으로 빼내면 어떻게 될까요? 이때 밸브를 만져 보면 좀 차갑습니다. 공기가 좁은 공간에

갇혀 있다가 바깥으로 나오면 아주 멀리 자유롭게 날아가는데, 이것을 보고 부피가 '팽창' 했다고 하거든요. 부피가 팽창하는 만큼 기체들은 멀리멀리 움직이기 위해 에너지를 써야만 합니다. 이렇게 가지고 있던 에너지를 자유롭게 움직이는 데 써 버리기 때문에 자신은 차가워진 거예요.

이제 부피가 팽창하면, 또는 움직이는 공간이 넓어지면 공기가 차가워진다는 것을 알았지요? 이것이 날씨하고 무슨 관계가 있냐고요? 조금만 기다리면 그 관계를 알려 드릴게요.

자, 그럼 우주 이야기를 좀 더 해 볼까요? 우주가 계속 커지면 방금 말한 것처럼 공간이 넓어져 점점 차가워집니다. 둘레가 차가워지면 빠르게 움직이던 전자와 양성자들의 움직임도 느려져 서로 뭉쳐질 가능성이 커집니다. 이렇게 해서 물질을 이루는 가장 기본 요소이자 우주에서 가장 단순한 원소인 '수소' 가 처음으로 생겼습니다. 그리고 그 다음으로 가벼운 원소인 '헬륨' 이 생겼어요.

오랜 시간이 흘러 우주는 더욱 차가워졌고 흩어져 있던 수소와 헬륨들이 뭉쳐 별(행성)이 되었습니다. 또한 별들이 모여 은하수, 안드로메다은하 같은 거대한 은하가 되었지요. 대폭발 때부터 지금까지 무려 150억 년이라는 엄청난 시간이 흘렀지만 지금도 우주는 끊임없이 팽창하고 있습니다.

오늘날 우주에는 수소가 약 76퍼센트, 헬륨이 약 23퍼센트 정도 있다고 합니다. 그런데 지구만 해도 수소나 헬륨보다 무거운 원소인 산소, 질소, 탄소, 금, 은, 철, 그 밖에 여러 가지 원소들이 많이 있어요. 그리고 이 원소들이 있었기 때문에 인류도 생길 수 있었습니다. 왜냐고요? 우리들 몸도 그런 여러 가지 원소로 이루어져 있기 때문이에요.

산소와 질소, 탄소 같은 원소는 티끌(먼지)이라는 이름으로 우주에 겨우 1퍼센트밖에 없답니다. 그런데도 그것들이 지구를 만들었고, 또 지구 안에 있는 온갖 생물을 이루고 있다니 신기하지 않아요? 그렇다면 도대체 이런 원소는 어떻게 만들어졌을까요? 그것은 별에 대해서 좀 더 알아야 이해할 수 있습니다.

별은 영원히 살 수 없습니다. 태어났다 사라지는 모든 생물처럼 별도 태어나서 시간이 흐르면 죽거든요. 별은 어떻게 해서 죽는 걸까요?

수소는 우주에서 가장 가볍고 흔한 물질입니다. 별 가운데 하나인 태양도 대부분 이 수소로 이루어져 있어요. 그렇지만 태양

안드로메다. 은하 – 가을에 북동쪽 하늘에 있는 안드로메다자리 근처에서 볼 수 있다. 우리 은하계와도 가까워서 맨눈으로도 보인다.

의 질량은 지구의 수십만 배쯤 됩니다. 아무리 가벼운 물질이라도 많이 모이면 얼마나 무거워지는지 알겠지요?

 질량을 가진 모든 물질은 서로 끌어당깁니다(중력). 수소들도 가까이 모이면 서로 끌어당기고, 그러면 더욱 무거워지고 커져서 더 많은 물질을 끌어당기게 됩니다. 이렇게 해서 뭉쳐진 거대한 덩어리가 바로 별이에요. 그런데 수소가 어느 정도 단단하게 뭉쳐지면 아주 놀라운 일이 벌어집니다. 바로 수소 4개가 합쳐져 헬륨 한 개가 되는데, 이때 빛이 나오거든요.

우리 지구를 밝게 비춰 주는 태양도 바로 이 빛 덩어리랍니다. 그 빛이 식물의 광합성을 유도해 산소를 만든다는 것은 다 아는 이야기지요? 수소 4개가 모여 헬륨 하나가 될 때 뿜어져 나오는 에너지가 바로 지구에서 필요한 모든 에너지의 근원이에요.

그런데 태양(별)은 언제까지나 수소를 태워서 빛을 낼 수 있을까요? 태양이 가지고 있는 수소가 무한하지 않기 때문에 그럴 수는 없겠지요? 태양의 수소가 모두 헬륨으로 바뀌는 데는 약 1백억 년이 걸린다고 합니다. 태양은 50억 년 동안 수소를 태워 왔기 때문에 앞으로 50억 년 뒤에는 서서히 빛을 잃고 사라질 거예요.

이번에는 태양보다 더 무거운 별이 사라지는 과정을 살펴볼까요? 수소가 어느 정도 헬륨으로 바뀌면 헬륨들끼리도 서로 뭉쳐 다른 원소로 변합니다. 헬륨보다 무거운 탄소, 산소 따위로 바뀌는 것입니다.

이렇게 별 내부에서는 물질이 단단하게 뭉쳐져 또 다른 물질로 바뀌는 과정이 여러 번 되풀이됩니다. 그러다가 가장 단단하게 뭉쳐지면 꽝! 하고 터져 버립니다. 이 폭발을 '초신성 폭발'이라고 해요. 이 폭발로 별을 둘러싸고 있던 여러 가지 원소들이 우주로 흩어집니다. 그리고 엄청난 열을 내며 흩어진 원소들은 순간 또 다른 원소로 바뀌기도 해요.

  자, 이제 무슨 일이 벌어졌는지 알 수 있겠어요? 바로 초신성 폭발로 우리가 알고 있는 모든 원소들이 만들어졌다는 이야기입니다. 우리 몸을 이루고 있는 모든 원소들은 별이 탄생하고 죽으면서 만들어진 것들이에요. 그러니까 우리의 영원한 고향은 바로 별인 셈입니다. 밤하늘에 반짝이는 별이 그저 나하고는 상관 없는 멀고 먼 우주의 일이 아니라, 나를 만들고 나를 있게 한 뿌리라니까 신비롭지 않나요?

  초신성 폭발로 흩어진 여러 물질들이 곧 우주의 티끌입니다. 이 티끌들이 다시 수소나 헬륨과 뭉쳐져 또 다른 별이 되지요. 그러니까 별들도 죽으면 사라지는 것이 아니고 다른 별의 원료가 되는 것이랍니다.

  그런데 수소가 단단하게 뭉쳐져 태양이 되었지만, 태양 바깥쪽에는 미처 태양으로 끌려들어가지 못한 기체들과 티끌들이 남아 있었습니다. 이것들도 중력 때문에 뭉쳐져 조그만 덩어리가 되었다가 덩어리들끼리 합쳐져 더욱 커다란 덩어리가 되었어요. 이들은 태양의 강력한 중력 때문에 태양을 벗어나지 못하

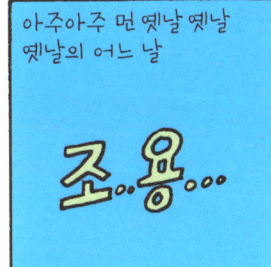

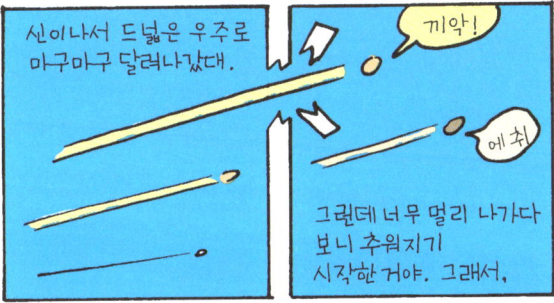

고 그 둘레를 돌게 되었지요. 이것이 바로 우리가 사는 지구를 비롯해 금성, 화성, 목성, 토성 같은 행성들이랍니다.

　다른 모든 행성들은 뜨거운 가스가 부글부글 끓거나 공기마저 얼어붙을 만큼 차갑지만, 놀랍게도 지구만은 수많은 생물이 살아갈 수 있는 따뜻하고 푸른 별이 되었습니다. 지구가 지금 위치에서 조금이라도 안쪽에 있었거나 바깥쪽에 있었다면 그럴 수가 없었지요. 신기하지요? 그러므로 우주의 신비가 지구를 있게 했고, 우리들을 있게 했습니다. 이것이 우리가 자연의 아름다움에 빠져드는 까닭이지요.

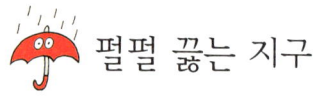 펄펄 끓는 지구

　지금까지 지구에서 발견된 가장 오래된 암석은 나이가 약 38억 년쯤 되었다고 합니다. 그런데 달에서 가져온 암석을 조사해 보니 약 45억 년이 넘는 것도 있다고 해요. 예전에 과학자들은 달이 지구에서 떨어져 나간 바윗덩어리라고만 생각했는데, 이 일로 해서 태양이 생긴 뒤 얼마 되지 않아 지금 같은 행성들이

태양 둘레에 자리잡은 걸 알게 되었어요.

지구는 태양에서 1억 5천만 킬로미터쯤 떨어져 있는, 태양계의 세 번째 행성입니다. 지구는 처음부터 생물이 살기 좋은 별은 아니었어요. 갓 태어난 지구는 아주 뜨겁고 끈끈한 액체였어요.

시간이 흐르고 흘러 뜨거웠던 지구가 천천히 식으면서 무거운 원소들은 지구 안쪽에 자리잡아 '핵'과 '맨틀'이 되었고, 가벼운 원소들은 바깥쪽에 자리잡아 지표가 되었습니다. 그때 지표면(땅) 위는 우주를 이루는 물질인 수소와 헬륨으로 덮여 있었겠지요. 당연히 산소 같은 것은 아직 없었습니다.

그 뒤 수소와 헬륨이 지구 위에서 차차 사라져 갔습니다. 아직 아무도 그 까닭을 모르고 있지만 말이에요. 지구는 우주에서 떨어진 작은 돌덩어리(운석)들과 들끓는 맨틀의 압력 때문에 오늘날보다 훨씬 격렬하게 화산이 터지고 땅이 갈라졌습니다. 지표면으로 흘러나온 용암과 돌덩어리에서 여러 가지 기체들이 쏟아져 나와 다시 하늘을 뒤덮었어요.

이때 나온 대표적인 기체가 바로 '이산화탄소'와 '질소', 그리고 '수증기'입니다. 수증기는 하늘 높은 곳에서 식어 물방울이 되어 땅으로 떨어졌습니다. 이것이 낮은 곳으로 흐르고 흘러

태초의 지구 - 지구가 처음 생겼을 때 지구에는 수많은 운석이 날아들었고, 화산이 터졌다.

바다가 되었지요. 어떤 과학자들은 얼음덩어리로 된 혜성이 지구와 충돌해서 바다가 되었다고 믿기도 한답니다.

이산화탄소는 물에 잘 녹기 때문에 대부분 바다에 녹아들었습니다. 그러나 질소는 물에 녹지 않기 때문에 오늘날까지도 공기 중에 둥둥 떠 있어요. 그래서 지금 대기의 79퍼센트가 질소랍니다. 하늘에 남은 이산화탄소와 수증기는 그 뒤 지구에 생명이 살 수 있도록 하는 데 없어서는 안 될 중요한 일을 하게 됩니다.

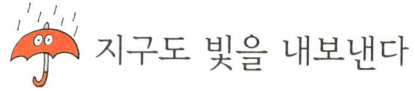 ## 지구도 빛을 내보낸다

이산화탄소와 수증기가 어떤 구실을 하는지 알아보기 전에 빛에 대해 알아볼 것이 있습니다. 잘 알다시피 빛은 에너지 덩어리입니다. 그런데 빛을 자세히 들여다보면 서로 다른 에너지 덩어리가 다발로 뭉쳐 있다는 것을 알 수 있어요. 도대체 이게 무슨 말일까요?

만유인력의 법칙을 발견한 뉴턴은 빛의 성질도 연구했습니다. 뉴턴은 프리즘이라는 삼각 모양 유리 막대에 하얀빛을 비추어 보았습니다. 그러자 유리를 뚫고 나온 빛이 처음처럼 하얀색이 아니라 아름다운 무지개 색으로 변했습니다. 이것은 에너지의 크기가 다 나른 여러 가지 빛이 유리를 지나면서 각 에너지의 크기에 따라 다른 각도로 휘어지기 때문입니다. 그럼 빨강, 주황, 노랑, 초록, 파랑, 남색, 보라색 중 에너지가 가장 큰 색은 무엇일까요?

보라색이 가장 크고 남색, 파랑, 초록, 노랑, 주황, 빨강 순으로 작아집니다. 이처럼 우리 눈에 보이는 빛을 '가시광선' 이라고 해요. 촛불을 들여다보면 심지 가까운 곳은 파랗고 끝에 나

프리즘 - 빛의 분산이나 굴절을 일으키는 데 쓰는, 유리 또는 수정으로 된 삼각 모양 기둥.

풀대는 부분은 빨갛지요? 이것도 프리즘을 통과한 빛과 똑같습니다. 양초가 타면서 나온 에너지가 에너지 크기에 따라 무지개색으로 나타난 것뿐이에요. 물론 에너지가 크면 클수록 온도도 높고 더 뜨겁습니다.

  추운 겨울이 되면 따뜻한 난로가 생각나지 않나요? 난로 옆에 서면 훈훈함이 새어 나와 얼었던 몸도 녹습니다. 열도 에너지 가운데 하나이니 난로에서 나온 열이 몸을 데워 준 것이지요.

그런데 난로에서 나온 에너지는 무엇이기에 눈에 안 보이는데도 몸을 따뜻하게 데워 줄까요?

빨간색보다 에너지가 더 작은 빛은 우리들 눈에 보이지 않습니다. 빨간색보다 더 작은 에너지도 여러 가지가 있어요. 그 가운데 난로에서 나온 에너지, 또는 빛이 바로 '적외선'입니다.

사실 모든 물체는 빛을 냅니다. 우리 몸도, 나무도, 돌멩이도 모두 빛을 받아들일 뿐만 아니라 내놓기도 해요. 단지 내보내는 에너지가 작아서 우리 눈에 보이지 않을 뿐입니다. 만약 우리 몸에서 가시광선에 가까운 에너지를 내보낼 수 있다면 아마 붉은빛이 우리 몸을 감싸고 있을 테지요. 마찬가지로 보라색보다

촛불 – 심지 가까운 곳은 파랗고, 바깥으로 갈수록 빨갛다. 에너지가 크면 클수록 온도도 높고 더 뜨겁다.

에너지가 더 큰 빛도 여러 가지가 있지만 역시 우리 눈에 보이지 않습니다. 이 가운데 여름날 피부를 까맣게 태우는 빛이 바로 '자외선' 입니다. 이제 왜 빛을 에너지 덩어리의 다발이라고 했는지 알겠지요? 태양에서 나온 빛은 이 모든 종류의 빛이 다 들어 있습니다.

자, 이제 태양에서 날아온 빛이 어떻게 지구에 도착하는지 살펴봅시다. 태양에서 출발한 빛이 지구에 도착하는 데는 약 8분 30초가 걸린다고 합니다. 그러나 앞에서 말한 모든 빛이 지표면(땅)에 닿을 수는 없어요. 먼저 자외선은 오존층에 걸려 흡수됩니다. 가시광선은 하늘을 덮고 있는 이산화탄소와 수증기를 통과해 지나갑니다. 적외선의 일부는 여기에서 흡수되지요. 지표면에 닿은 빛은 지구를 따뜻하게 데워 줍니다.

그런데 지구도 빛을 내보내고 있답니다. 지구가 내보내는 빛이란 적외선이에요. 만약 태양에서 받은 에너지보다 내보내는 에너지가 많다면 지구는 점점 차가워질 것입니다. 점점 에너지가 줄어들 테니까요.

그런데 지난 몇십억 년 동안 지구는 너무 춥지도, 또 너무 덥지도 않게 일정한 온도를 지켜 왔습니다. 도대체 어떻게 그렇게

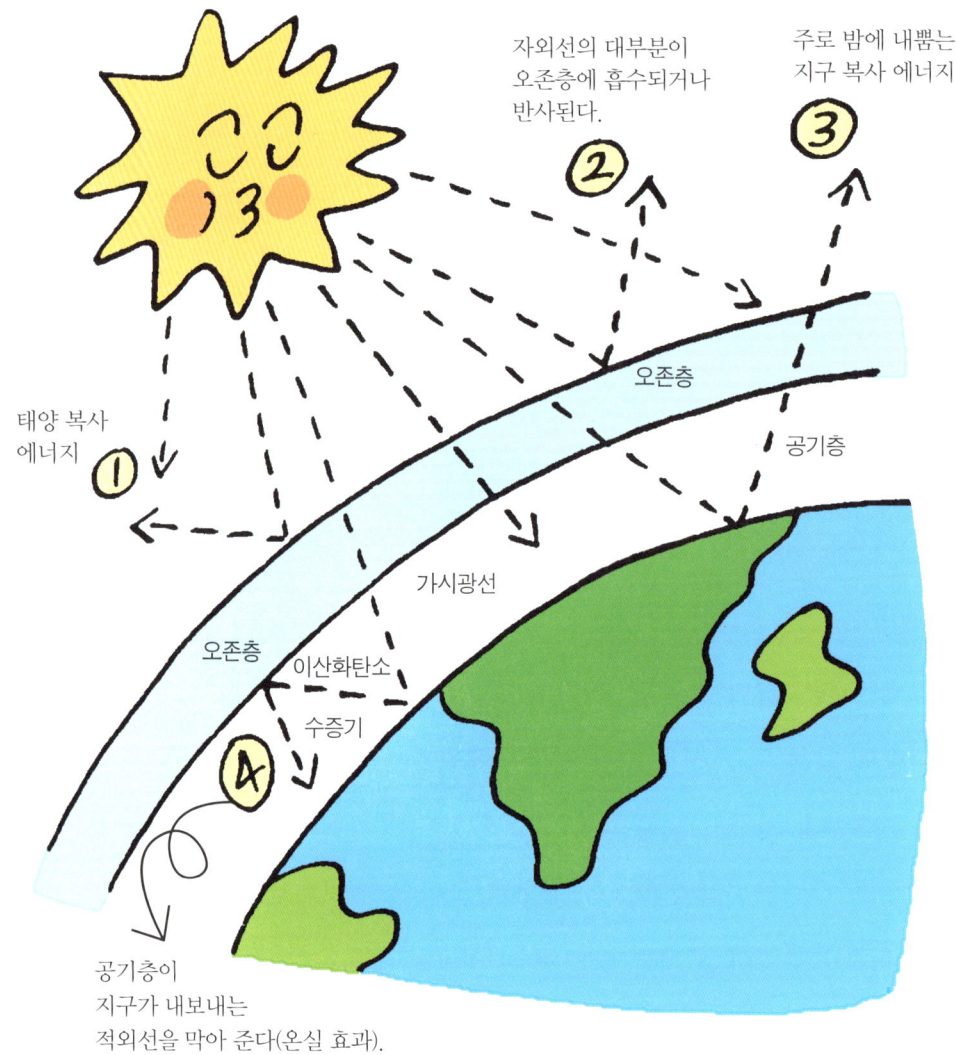

태양에서 오는 모든 빛이 땅에 닿을 수는 없다. 먼저 자외선은 오존층에 걸려 흡수된다. 가시광선은 지구의 하늘을 덮고 있는 이산화탄소와 수증기를 통과해 지나간다. 적외선의 일부는 여기에서 흡수된다. 지표면에 닿은 빛은 지구를 따뜻하게 데워 준다.

할 수 있었을까요? 바로 이산화탄소와 수증기 덕분이랍니다. 이산화탄소와 수증기는 하늘에서 이불처럼 지구를 덮고 있어서 지구가 내보내는 적외선이 다 빠져 나가지 못한답니다. 적외선이 이들 기체에 흡수되어 다시 공기 속으로 돌아오기 때문에 지구는 따뜻한 상태를 유지할 수 있었지요. 만약 이렇게 이산화탄소와 수증기가 없다면 지구는 지금보다 훨씬 추울 것입니다. 그러면 아마도 금성이나 화성처럼 생물이 살 수 없는 행성으로 남았을 거예요. 이산화탄소와 수증기가 얼마나 중요한지 알겠지요? 바로 이것을 '온실 효과'라고 합니다.

  한겨울에도 여름 과일이나 채소를 먹을 수 있도록 비닐로 지은 집을 비닐 하우스, 또는 온실이라고 하지요? 이런 집은 햇빛이 들어오면 가시광선은 반사되어서 나가지만, 적외선은 비닐에 걸려 나가지 못합니다. 그래서 온실 안이 바깥보다 훨씬 따뜻한 거예요. 이 현상에서 이름을 따, 지구를 따뜻하게 하는 현상을 '온실효과'라고 한답니다.

 산소 때문에 멸종한 생물

약 35억 년 전에 지구에 처음으로 생물이 나타났다고 합니다. 그리고 모든 생물의 시초이자 오늘날까지도 지구에 가장 많은 생물은 '박테리아' 라고 해요.

박테리아는 참으로 놀라운 생물입니다. 섭씨 200도가 넘는 뜨거운 물에서도 살 수 있고, 빛이 조금도 없는 지하 5킬로미터에서도 거뜬히 살 수 있다니까요. 더욱 놀라운 것은 산소가 없어도 살 수 있다는 것입니다.

염산이나 황산은 아주 무서운 용액입니다. 이것들을 쇠에다 떨어뜨리면 독한 냄새를 풍기며 쇠가 녹아 버려요. 이런 용액을 산성 용액이라고 하는데, 이것을 밥처럼 맛있게 먹고 사는 박테리아도 있습니다. 이처럼 박테리아는 어떤 어려움도 견딜 만큼 생명력이 강하기 때문에 처음 지구가 생겨났을 때의 거칠고 험한 환경에서 지금까지 끈질기게 살아남을 수 있었던 것이랍니다.

그런데 이런 박테리아도 맨 처음에 어떻게 태어났는지는 아직 모르고 있습니다. 지구가 생기고 약 10억 년이 흐른 뒤 박테리아가 나타났다니까, 틀림없이 그 사이에 생명의 시작을 알리는 어떤 일이 벌어졌겠지요. 그것에 대한 자세한 과정은 많은 과학자들이 연구하고 있지만 아직 정확하게 밝혀내진 못했습니다.

아무튼 지구에 나타난 최초의 생물은 박테리아 가운데서도 식물성 플랑크톤인 '남조류'였습니다. 남조류는 바다 위에 둥둥 떠서 공중에 있는 이산화탄소와 햇빛을 받아들여 광합성을 했어요. 물론 광합성은 에너지를 얻기 위한 활동입니다. 에너지는 생물들이 움직이는 데 꼭 필요한 것이니까요. 그런데 광합성을 하면서 남조류들은 아주 중요한 원소를 바깥으로 내보내기 시작했습니다. 바로 '산소'예요. 처음 만들어진 산소는 대부분 바다에 녹아 버렸지만, 남조류가 점점 많아지자 공기 중에 산소

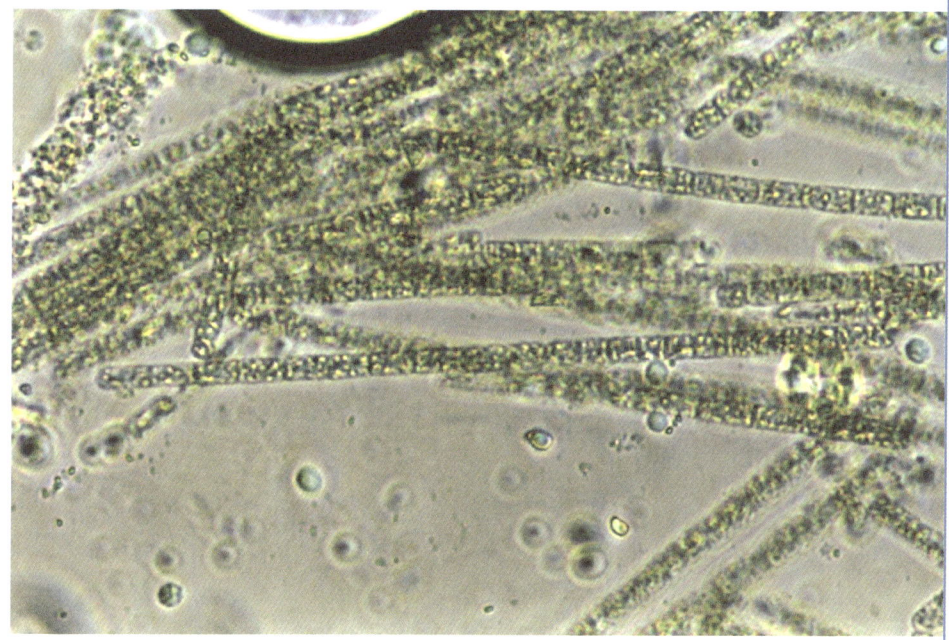

남조류 - 식물성 플랑크톤으로 지구에 나타난 최초의 생물.

도 많아졌습니다.

하늘 높은 곳에서는 수증기가 햇빛을 흡수해서 수소와 산소로 나뉘고 있었어요. 이렇게 만들어진 산소가 공기를 채울 만큼 많았던 것 같지는 않지만, 그보다 더 중요한 일이 벌어졌어요. 바로 산소 원자(O) 두 개가 붙어 산소 분자(O_2)가 되고, 다시 산소 분자와 산소 원자가 붙어 '오존(O_3)'이 되었다는 사실입니다. 오존은 자외선을 흡수해서 다시 산소 원자와 분자로 나뉘어졌고, 둘레에 있던 다른 산소들이 들러붙어 다시 오존이 되었습니다. 마침내 하늘에는 늘 같은 오존의 양을 유지하는 '오존층'이 생겼지요.

자외선은 에너지가 매우 크기 때문에 사람을 비롯한 생물의 몸에 들어가면 유전자를 파괴할 수도 있습니다. 그래서 자외선을 너무 오래 쬐면 암이나 피부병에 걸리기도 해요. 오존층은 바로 이 자외선을 흡수하기 때문에 땅에 사는 생물들에게는 아주 중요하답니다. 그렇다고 해서 자외선이 무조건 나쁜 것은 아니에요. 자외선은 우리 몸에 필요한 비타민D를 만드는 데 꼭 필요하거든요.

오존층이 생기고 남조류가 뿜어 낸 산소가 땅 위에 모이기 시

산소 원자(O) 두 개가 붙어 산소 분자(O₂)가 되고, 다시 산소 분자와 산소 원자가 붙어 '오존(O₃)'이 된다

작한 것이 지금부터 약 25억 년 전이었습니다. 그 뒤 수많은 녹색 식물(엽록소를 가지고 광합성을 하는 식물)들이 생겨나 지구에는 더욱 많은 산소가 쌓였습니다. 바로 이때부터 산소로 에너지를 얻는 생물이 생기기 시작했어요. 바로 동물들이지요.

우리는 산소 없이는 살 수 없기 때문에 산소가 지구에 꼭 필요한 물질로 생각합니다. 그러나 수십억 년 전 지구에 산소가 없

오존층 - 오존층은 태양 빛에 섞여 있는 해로운 자외선을 흡수해 지구에 사는 생명체를 지켜 주고 있다.

을 때 살았던 많은 생물들은 산소가 생기면서 사라지고 말았어요. 그들에게는 산소가 무서운 독약이었던 셈이지요. 사람이 높은 산에 올라가면 산소가 부족해 고통을 받는 것처럼 그들은 산소 때문에 숨이 막혀 죽은 것입니다. 우리 인간은 단지 산소에 적응해 새롭게 태어난 생물일 뿐이에요.

 지금까지 우리는 우주의 탄생과 함께 태양이 어떻게 태어나고 지구가 어떻게 진화해서 오늘날과 같은 환경을 만들었는지 알아보았습니다. 하지만 워낙 옛날 일이기 때문에 아직까지 많은 부분은 짐작일 뿐이에요.

2 공기는 지구의 얼굴

우리 공기라고 해요! 이쁘게 봐 주세요.

- 목숨을 건 도전
- 하늘 높은 곳이 뜨겁다고?
- 성층권은 공기의 천장
- 공기가 전파도 꺾는다?

 목숨을 건 도전

옛날 사람들도 구름이 비나 눈이 된다는 것은 알았습니다. 하지만 구름이 어떻게 만들어지고, 또 비가 어떻게 내리는지는 몰랐어요.

그러나 오래 전부터 과학자들은 날씨에 관심이 많았습니다. 근대 화학의 아버지로 알려진 영국의 과학자 '돌턴(1766~1844)'은 무려 30년 동안 날씨 관측 기록을 2만 번이나 남겼어요. 더 이상 쪼갤 수 없는 가장 작은 덩어리인 '원자'로 물질이 이루어져 있다고 주장한 과학자가 바로 돌턴이었습니다. 아인슈타인의 상대성 이론을 풀이한 것으로 유명한 '프리드만'이라는 러시아 과학자는 하늘 높이 올라가 날씨를 관측하는 일을 자주 했다가 그 후유증으로 죽고 말았답니다.

1862년, 영국의 대기 과학자 '제임스 글레이셔'는 열기구 전문가와 함께 열기구를 타고 하늘로 올라갔습니다. 위로 올라가면 공기가 어떻게 변하는지 알고 싶어서였지요. 열기구 안에는 기온, 습도, 압력을 잴 수 있는 장비를 싣고, 하늘에서 동물들이 어떻게 변하는지 알아보려고 비둘기도 태웠어요.

마침내 그날, 날씨는 썩 좋지 않았지만 열기구를 띄웠습니다. 아니나다를까, 하늘로 올라가던 열기구는 순식간에 폭풍우 속으로 빨려들어갔습니다. 폭풍은 열기구를 빠르게 위로 끌어올렸고, 바로 눈앞에서 천둥과 번개가 내리쳤습니다. 어떻게 손쓸 방법도 없이 그저 죽기만을 기다리던

열기구를 타고 하늘로 올라간 과학자, 제임스 글레이셔.

그들에게 행운이 찾아왔습니다. 기적처럼 열기구가 폭풍우 밖으로 밀려나간 것입니다.

정신을 차린 두 사람은 더 높이 올라갔습니다. 높이 5킬로미터에서 기온은 영하 8도를 가리켰습니다. 기압도 계속 낮아졌습니다. 높이가 8킬로미터에 이르자 비둘기가 죽고 말았습니다. 9킬로미터에 이르자 기온과 기압은 더욱 낮아졌고, 산소가 모자라 숨쉬기조차 힘들어졌습니다. 두 사람은 그만 내려가야겠다고 생각하고 열기구의 가스를 빼는 밸브를 열려고 했지만, 밸브

가 밧줄에 꼬여 꼼짝도 하지 않았습니다.

열기구는 자꾸 위로 올라갔습니다. 낮은 기압과 추위 때문에 글레이서는 정신을 잃은 채 얼어붙었습니다. 가까스로 열기구 전문가가 몸을 일으켜 밧줄을 풀고 밸브를 열었습니다만, 다시 기구 안으로 뛰어내리다가 얼어붙어 있던 그의 손가락이 떨어져 나가고 말았습니다.

다행스럽게도 열기구는 천천히 아래로 떨어졌고 두 사람은 살아났습니다. 그들이 올라간 높이는 11킬로미터였습니다. 아직 그 누구도 올라가 보지 못한 높이였지요. 두 사람의 목숨을 건 용감한 도전 덕분에 사람들은 하늘 높이 올라갈수록 기온과 기압이 낮아진다는 사실을 알게 되었습니다. 그렇다면 기온은 하늘 높이 올라갈수록 계속 낮아지기만 하는 걸까요? 자, 이제부터 공기가 어떻게 하늘을 덮고 있는지 알아봅시다.

하늘 높은 곳이 뜨겁다고?

지구 위에는 무려 수백 킬로미터가 넘는 두께로 공기층이 덮여 있습니다. 지구 바깥에서 보면 얇은 띠처럼 보이지요. 공기(대기)는 대부분 질소와 산소로 이루어져 있으며 수증기, 이산화탄소, 아르곤, 메탄가스 같은 기체가 조금씩 섞여 있습니다.

이들 기체는 지구가 끌어당기는 중력과 적당한 온도 때문에 지구를 벗어나지 못하고 지구에 붙잡혀 있습니다. 만약 지구가 태양 가까이에 있는 수성처럼 아주 뜨겁고 중력도 작다면 공기들은 대부분 지구 바깥으로 달아나 버렸을 거예요. 수소처럼 가벼운 원자는 끊임없이 지구 바깥으로 날아가고 있습니다만, 너무 걱정할 필요는 없습니다. 달아나는 양이 아주 적어서 큰 영향을 미치지는 않으니까요. 수소는 물을 만드는 데 없어서는 안 되는 원소입니다.

공기는 위로 올라갈수록 기온이 떨어집니다. 제임스 글레이셔가 목숨을 걸고 경험했던 11킬로미터까지는 1킬로미터마다 약 6.5도씩 낮아진다고 해요. 그래서 11킬로미터 근처는 평균 기온이 영하 40도가 넘습니다. 1900년까지만 해도 과학자들은 하늘로 높이 올라갈수록 기온은 계속 떨어질 거라고 생각했습니다. 그런데 하늘 높이 올라간다는 것은 태양에 가까워지는 것인데 그렇다면 햇볕을 더 많이 받게 되니까 오히려 온도가 올라가야 하지 않을까요?

지구에 도달하는 태양 에너지의 절반 정도는 지표면이 흡수합니다. 그리고 약 20퍼센트는 공기와 구름이 흡수하고, 나머지 30퍼센트는 지구 바깥으로 반사되지요. 앞에서 모든 물체는 자신이 가진 에너지를 내보낸다고 했지요? 지표면과 공기, 그리고 구름은 자신이 흡수한 에너지를 다시 내보냅니다. 이렇게 흡수한 만큼 도로 내놓기 때문에 지구 전체 에너지는 언제나 변함없이 유지되는 것이지요.

지표면이 내보낸 에너지는 지표면 가까이에 있는 공기들이 지구 위에는 수백 킬로미터에 이르는 대기층이 덮여 있다. 대기는 태양에서 나오는 뜨거운 열과 해로운 광선을 막아 주는 역할을 한다.

흡수하고 하늘 높은 곳은 에너지가 머물지 않고 지나가기 때문에 위로 올라갈수록 기온은 떨어지게 됩니다. 지구에서 아주 멀리 떨어진 우주 공간은 거의 텅 비어 있어 에너지를 흡수할 수 있는 것이 아무것도 없습니다. 그래서 캄캄한 우주 공간은 영하 수백 도에 이를 정도로 춥습니다. 이런 까닭으로 1900년 무렵의 과학자들은 하늘로 올라갈수록 기온은 계속 떨어진다고 생각했던 것이지요.

그런데 그 무렵, 하늘 높이 띄울 수 있는 기구가 만들어지면서 사람이 직접 타고 올라가지 않고도 높은 곳의 온도를 잴 수 있게 되었습니다. 이 기구는 높은 하늘에서 자동으로 터지도록 되어 있는데, 땅으로 천천히 내려오면서 온도를 잴 수 있었어요. 이 기구가 측정한 온도를 보고 과학자들은 깜짝 놀랐습니다. 어떤 높이에서는 온도가 변하지 않고 일정했거든요. 그 뒤 로켓이 발명되어 더 높은 하늘의 온도도 쟀습니다. 그랬더니 11킬로미터에서 25킬로미터까지는 온도가 변하지 않다가 50킬로미터까지는 천천히 올라가서 50킬로미터 근처에서는 거의 지표면과 같아졌다고 해요. 어떻게 된 것일까요?

이 층에 있는 공기가 햇빛에 들어 있는 강한 에너지를 흡수하기 때문입니다. 바로 앞에서 말한 오존층이 대부분 이 높이에 있습니다. 이들이 자외선을 흡수해서 온도가 올라간 것이지요.

지표면에서 약 11킬로미터 높이까지를 '대류권' 이라 하고 11킬로미터부터 약 50킬로미터까지를 '성층권' 이라고 합니다. 성층권과 대류권의 경계를 '대류권계면' 이라고 하지요. 대류라는 것은 열(에너지)이 전달되는 방법입니다. 물을 끓일 때 그릇 안의 물이 모두 따뜻해지는 것도 바로 대류 때문이거든요. 물을 끓이면 먼저 열을 받은 물이 따뜻해져서 위로 올라갑니다. 그러면 위에 있던 찬 물이 아래로 내려오지요. 이렇게 뜨거운 물과 찬 물이 위아래로 흐르면서 섞이는 것을 '대류' 라고 합니다.

공기도 물처럼 대류를 합니다. 지표면 근처의 공기들은 지표면이 가진 에너지 때문에 따뜻하게 데워집니다. 데워진 공기는 위로 올라가지요. 그러면 위에 있던 차가운 공기가 아래로 내려와 공기들이 서로 섞이게 됩니다. 이때 구름이 만들어지고 비가 오며 여러 가지 날씨 현상이 생깁니다. 이처럼 공기의 대류 덕분에 날씨 변화가 일어나서, 높이 11킬로미터 아래를 '대류권' 이라고 해요. 그런데 왜 11킬로미터 아래에서만 대류가 일어날까요?

성층권에서 온도가 다시 올라가는 까닭은 이 층에 있는 공기가 햇빛에 들어 있는 에너지를 빨아들이기 때문이다. 대류권계면을 기준으로 위로 올라가도 따뜻해지고, 아래로 내려가도 따뜻해진다.

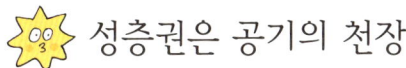 ## 성층권은 공기의 천장

 따뜻한 공기가 위로 올라가는 것은 둘레에 있는 공기보다 가볍기 때문입니다. 다른 말로 하면 밀도가 낮다는 것인데, 밀도란 물질이 촘촘하고 빽빽하게 모여 있는 정도를 말합니다.

 공기가 따뜻해지면 공기 속 기체들의 운동이 활발해지고, 그러면 기체들이 움직이는 공간이 넓어져서 밀도는 낮아집니다. 반대로 공기가 차가워지면 기체들의 움직임이 둔해져서 따뜻한 기체보다 훨씬 많이 모일 수 있기 때문에 밀도는 높아집니다.

 어떤 방 안에 아이들만 있을 때와 어른들이 있을 때를 비교해 보세요. 아이들은 끊임없이 떠들고 뛰어다니기 때문에 몇 명밖에 없어도 방이 꽉 찬 것 같습니다. 그러나 움직이기 싫어하는 어른들은 아이들보다 훨씬 많이 있어도 별 문제가 없겠지요. 이처럼 밀도란 얼마나 촘촘하게 모여 있냐를 따지는 것입니다.

 밀도가 높은 물질과 낮은 물질을 섞어 놓으면 밀도가 높은 물질은 아래로 가라앉고 낮은 물질은 위로 올라갑니다. 물과 기름을 섞으면 기름이 물 위에 뜨는 까닭도 밀도 차이 때문입니다. 찬 공기가 위에 있고 더운 공기가 아래에 있으면 밀도가 낮은 더운 공기는 위로 올라가고 밀도가 높은 찬 공기는 아래로 내려옵니다. 이것이 대류지요?

그런데 만약 찬 공기가 아래에 있고 더운 공기가 위에 있다면 어떻게 될까요? 가벼운 것이 위에 있고 무거운 것이 아래에 있기 때문에 굳이 서로 섞이려 하지 않겠지요? 이런 공기를 안정된 상태에 있다고 합니다. 그리고 대류가 일어나는 공기층과는 거꾸로 되어 있기 때문에 '역전층' 이라고 합니다.

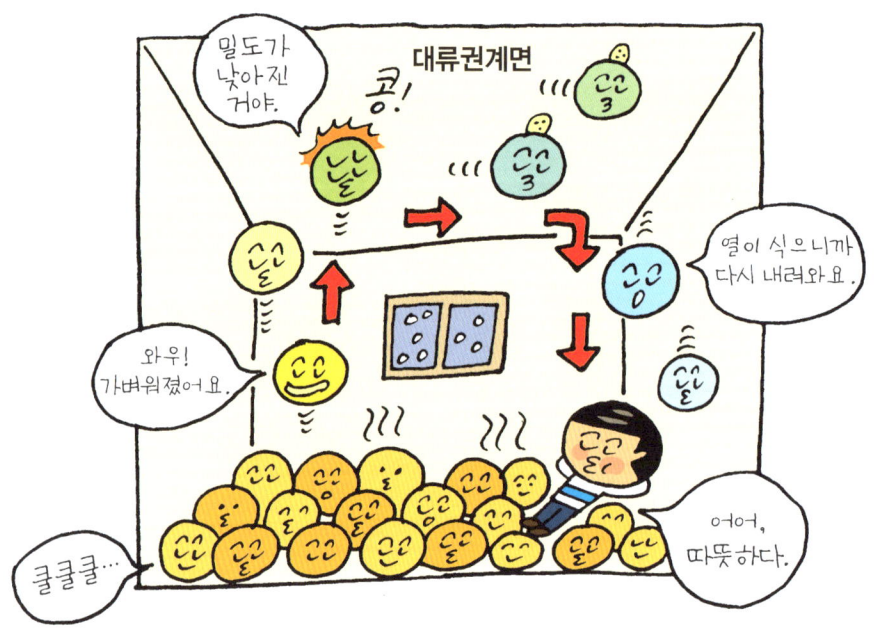

찬 공기가 위에 있고 더운 공기가 아래에 있으면 밀도가 낮은 더운 공기는 위로 올라가고 밀도가 높은 찬 공기는 아래로 내려온다. 이것이 대류이다.

안정된 것은 잘 변하지 않습니다. 더운 공기가 아래에 있고 찬 공기가 위에 있는 것은 불안정합니다. 연필을 심으로 세우면 불안하지요? 금방이라도 쓰러지려고 합니다. 꼭지점이 아래로 내려간 삼각형도 아주 불안해 보이지요? 불안정한 것은 끊임없이 바뀌어 안정되려고 합니다. 그래서 대류가 일어나는 것입니다.

그런데 성층권은 위로 올라갈수록 기온이 올라간다고 했습니다. 그것은 더운 공기가 위에 있고 찬 공기가 아래에 있다는 말과 같습니다. 이런 공기는 안정됐기 때문에 서로 섞이려 하지 않습니다.

이제 왜 대류가 성층권 아래에서만 이루어지는지 이해할 수 있겠지요? 대류권에서 올라온 공기가 안정된 성층권을 만나서 더 이상 뚫고 올라가지 못하기 때문이에요. 마치 방 안의 공기가 천장에 부딪쳐 옆으로 퍼지다 아래로 내려가듯이 성층권은 지구 공기층의 천장 구실을 하고 있는 것입니다.

공기가 전파도 꺾는다?

성층권 위, 높이 50킬로미터부터 80킬로미터까지를 '중간권'

이라고 합니다. 성층권에서 꾸준히 오르던 온도가 이 층에서부터는 다시 떨어져 높이 80킬로미터 근처에 이르면 가장 낮아집니다. 하지만 높이가 80킬로미터를 넘으면 기온은 다시 올라갑니다. 그래서 이 층을 '열권'이라고 하지요. 기온이 올라가는 까닭은 공기를 이루는 기체들이 태양 에너지 가운데 아주 강한 자외선을 흡수하기 때문입니다.

이때 질소와 산소 원자를 이루던 전자들이 떨어져 나갑니다. 앞에서 전자와 양성자가 뭉쳐 수소가 된다는 얘기를 했지요? 질소와 산소 역시 양성자와 전자로 이루어져 있습니다. 질소하고 산소가 수소와 다른 점은 여러 개의 양성자와 전자, 그리고 중성자가 뭉쳐 있다는 것입니다. 이때 전자는 양성자와 중성자의 바깥에서 돌고 있는데 여기에 강한 빛을 쏘이면 떨어져 나가고 말거든요. 이렇게 해서 높이 약 800킬로미터까지는 질소와 산소에서 떨어져 나온 전자들이 흩어져 있습니다.

이 전자들이 지상에서 쏘아 보낸 전파들을 구부려 도로 지상으로 내려보냅니다. 오늘날 사람들은 이것을 이용해 아주 먼 거리까지 전파 통신을 해요. 그래서 이 층을 '전리층'이라고 합니다. 그런가 하면 전리층 바깥에는 수소가 아주 조금 남아 있습

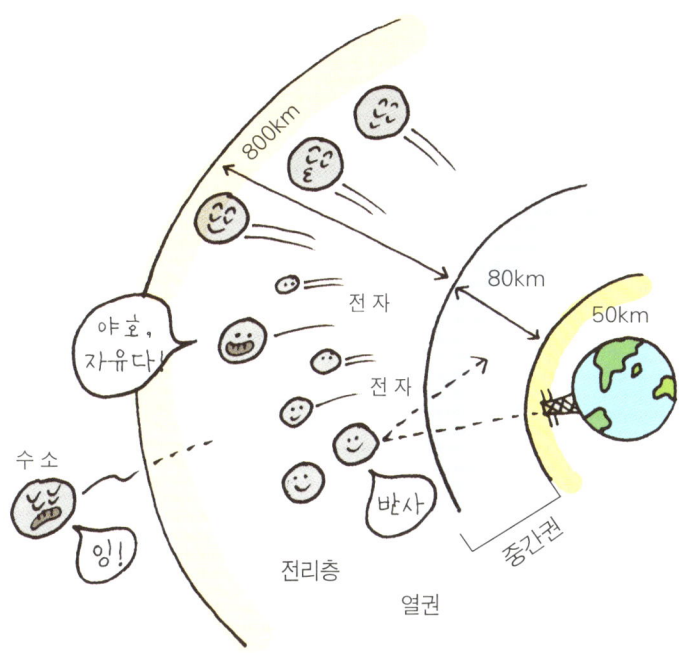

높이가 80킬로미터를 넘으면 기온은 다시 올라간다. 그 까닭은 공기를 이루는 기체들이 강한 자외선을 흡수하기 때문이다.

니다. 수소는 가볍기 때문에 지구의 중력을 벗어나 먼 우주 공간으로 날아가기 쉽습니다.

이제까지 지구를 둘러싸고 있는 공기층을 높이에 따라 어떤 특징이 있나 알아보았습니다. 공기가 그냥 하늘을 덮고 있는 것이 아니라 온도에 따라 아주 다른 층을 이루고 있다는 것을 알았지요? 날씨란 결국 공기의 움직임입니다. 공기가 어떻게 움직여서 날씨 변화가 일어나는지 더 알아볼까요?

3 바람과 비

- 공기는 얼마나 무거울까?
- 바람은 어디서 불어 올까?
- 바람은 고기압에서 저기압으로 분다
- 하늘로 올라간 공기는 어떻게 될까?
- 수증기의 변신
- 구름의 탄생
- 구름은 어떻게 비가 될까?
- 달걀만 한 우박

 ## 공기는 얼마나 무거울까?

옛날에 반고(중국 신화에 나오는, 우주를 창조한 신)라는 거인이 우주를 여행하다가 어느 날 자신이 가장 공들여 만든 지구를 지나게 되었습니다. 지구는 멀리서 보면 푸른색으로 빛나는 아름다운 별이었어요. 오랜만에 지구를 보게 된 반고는 깜짝 놀랐습니다. 지구가 푸르기는커녕 시루떡처럼 생긴 두꺼운 공기층으로 덮여 있었기 때문이었어요.

반고가 지구 가까이 얼굴을 갖다 대고 자세히 보니 시루떡처럼 생긴 공기층은 아주 작은 사각 기둥으로 되어 있었고, 그 아래에 개미보다 작은 인간들이 그 사각 기둥을 힘겹게 짊어지고 있었습니다.

인간들은 어디를 가든 자나 깨나 사각 기둥을 몸으로 떠받치고 있어야 했는데, 그 무게 때문에 몹시 지쳐 보였습니다. 반고는 자신이 만든 인간들이 고생하는 것을 보고는 마음이 아팠어요. 그래서 마법을 걸어 공기층을 가볍게 하고 색깔도 없앴습니다. 그러자 지구는 푸르고 아름다운 모습을 되찾았고 인간들은 여전히 사각 기둥을 이고는 있었지만 더 이상 힘들어하지는 않았대요.

 비록 눈에 보이지는 않지만 우리 머리 위에는 몇 백 킬로미터나 되는 공기층이 있잖아요? 실제로 지구를 둘러싸고 있는 공기층의 무게는 약 5600억 톤에 1만을 곱한 양이라고 합니다. 하늘에 떠 있는 작은 뭉게구름 하나도 약 1000톤은 된다고 하거든요. 그런데 우리는 왜 그 무게를 느끼지 못할까요?

 질량을 가진 모든 물질은 서로 끌어당깁니다. 이것을 만유인력(또는 중력)이라고 하지요. 질량이 크면 클수록, 그리고 거리가 가까우면 가까울수록 서로 끌어당기는 힘은 세집니다.

 지구라는 거대한 땅덩어리는 질량이 엄청나게 크기 때문에 그 위에 있는 모든 물체를 지구 중심을 향해 끌어당깁니다. 물론 지구도 자기보다 훨씬 큰 태양에 끌려 태양 둘레를 뱅뱅 돌고 있지만 말이에요.

 이탈리아의 위대한 과학자 갈릴레이(1564~1642)는 지구 위에 있는 모든 물체는 자신의 질량에 관계 없이 똑같은 속도로 떨어진다는 것을 밝혔습니다. 망치든 솜뭉치든 만약 공기에 부딪치는 정도가 다르지 않다면 똑같은 속도로 떨어진다는 것이지요.

우리가 땅 위에 서 있는 것도 지구가 끌어당기기 때문이지요? 지구가 끌어당기는 힘(중력)만큼 우리는 땅을 누르고 있습니다. 만약 땅바닥이 딱딱하지 않고 물렁물렁하다면 우리는 땅을 뚫고 지구 중심을 향해 끝없이 빠져들 거예요.

공기도 눈에 보이지는 않지만 있다는 것이 확실하므로 틀림없이 질량이 있을 것입니다. 그렇다면 공기도 어떤 힘으로든 땅(지표면)을 누르고 있지 않을까요? 공기가 누르는 힘을 '기압'이라고 합니다. 갈릴레이는 여기까지는 생각했지만 공기가 누르는 힘이 얼마만큼인지는 알지 못했어요.

근대 과학의 아버지라고 하는 갈릴레이는 수많은 업적을 이루었지만, 지구가 태양 둘레를 돈다는 주장을 하다가 교회의 탄압을 받았어요. 집안에 갇히는 벌을 받은 갈릴레이는 늙고 병든 몸으로 죽음을 기다리고 있었습니다. 그때 '토리첼리'라는 젊은 과학도가 갈릴레이를 찾아왔습니다.

갈릴레이는 첫눈에 토리첼리가 재능이 뛰어나다는 것을 알고 자신이 하던 연구를 계속해 달라고 부탁했습니다. 갈릴레이가 죽은 이듬해인 1643년, 토리첼리는 공기의 누르는 힘을 처음으로 측정했습니다.

토리첼리는 유리관에 수은을 가득 채우고, 역시 수은이 담긴 그릇에 거꾸로 세웠습니다. 그러자 유리관에 들어 있던 수은이 아래로 천천히 내려갔습니다. 유리관에 채워진 수은 기둥의 높이가 76센티미터가 되자 수은은 더 이상 내려가지 않았지요.

유리관과 그릇에는 중력과 공기의 압력(기압)이 서로 겨루고 있습니다. 중력은 유리관에 든 수은을 아래로 끌어내리려고 합니다. 반대로 그릇 위에는 수백 킬로미터 두께의 공기가 누르고 있어 유리관 속에 든 수은을 위로 밀어 올리려고 하지요.

처음에 유리관 속의 수은이 아래로

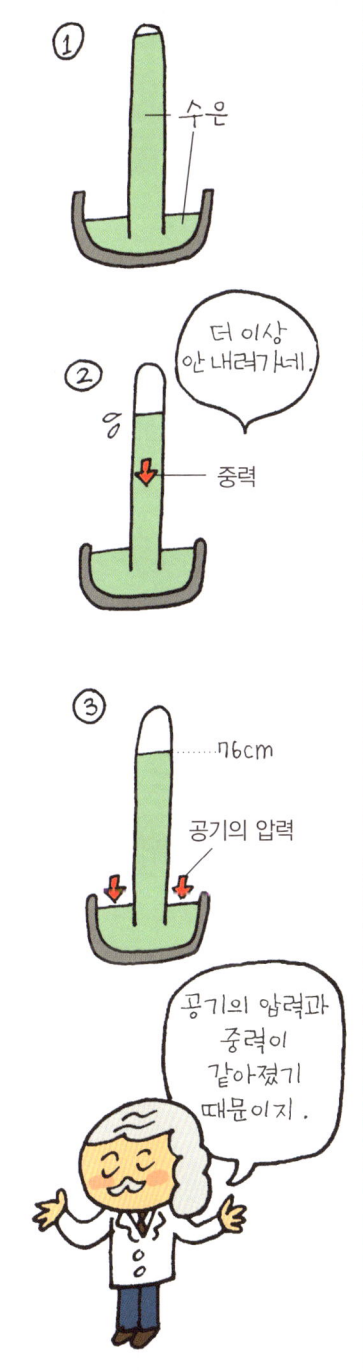

내려간 것은 중력이 그릇에 든 수은을 누르는 공기의 압력보다 더 세기 때문입니다. 그러다가 중력과 공기의 압력이 같아지면 내려가던 수은이 멈추게 되는 것이에요.

이것으로 토리첼리는 공기가 누르는 힘은 수은 기둥을 76센티미터로 유지하는 중력과 같다는 것을 알아 냈습니다. 이때의 기압을 '1기압'이라고 하지요. 1기압을 기상학에서 쓰는 단위로 나타내면 1013밀리바(mb) 또는 1013헥토파스칼(hPa)이라고 합니다.

이것을 우리가 이해하기 쉬운 무게로 따져 보면 한 변이 1미터인 정사각형 위에 약 100킬로그램의 무게가 누르고 있는 힘이라고 보면 된답니다. 그러니까 우리는 언제나 100킬로그램의 무게를 지고 있는 셈이에요. 사실 공기는 위에서 뿐만 아니라 앞과 뒤, 왼쪽과 오른쪽, 그리고 아래 등 모든 방향에서 우리를 누르고 있습니다. 이렇게 사방에서 공기가 누르고 있는데도 우리는 어떻게 해서 찌그러들지 않고 마치 공기가 없는 것처럼 편안하게 움직일 수 있는 것일까요?

그것은 인간을 비롯한 지구의 생명체들이 지구 환경에 잘 적응하도록 진화했기 때문입니다. 곧, 우리 몸은 바깥에서 누르는 힘과 똑같은 힘이 안에서 바깥으로도 작용하고 있습니다. 그 두 힘이 서로 같기 때문에 우리 몸은 찌부러지지 않고 일정한 모양으로 있는 것입니다. 만약 안에서 바깥으로 미는 힘이 없다면 우리 몸은 바람 빠진 풍선처럼 쪼그라들고 말 것입니다.

위로 올라가면 공기층의 기압은 어떻게 될까요? 누르는 공기층의 두께가 얇아지니까 당연히 기압도 낮아지겠지요? 공기를 이루는 기체들도 점점 줄어들어 밀도도 낮아집니다.

기압은 대개 높이 5.5킬로미터마다 절반씩 줄어듭니다. 그러니까 지표면 기압이 1,000헥토파스칼이라면 높이 5.5킬로미터에서는 500헥토파스칼 정도가 되는 거예요. 세계에서 가장 높은 산인 히말라야 에베레스트는 해발 8,800미터입니다. 이 높이에서는 기압이 약 300헥토파스칼입니다. 산 아래 기압의 1/3밖에 안 되는 것이지요.

물이 섭씨 100도에서 끓는다는 것은 공기의 누르는 힘이 1기압(1013헥토파스칼)일 때입니다. 물이 뜨거워져도 위에서 누르는 힘 때문에 끓지 못하다가 섭씨 100도가 되면 누르는 힘을 이기고 끓어오르게 되는 것이지요. 그런데 기압이 500이나 300헥토파스칼이 되면 누르는 힘이 워낙 적기 때문에 조금만 뜨거워져도 끓게 됩니다. 그래서 높은 산에서 밥을 하면 충분히 뜨거워지지도 않았는데 끓어 넘쳐서 밥이 잘 되지 않는 것입니다.

만약 사람이 우주복과 같은 특수한 옷을 입지 않고 높이 15킬로미터(120헥토파스칼)쯤 올라가면 공기를 더 이상 들이마실 수 없습니다. 둘레의 기압이 낮아 공기가 몸 안으로 들어갈 수가 없거든요. 18킬로미터까지 올라가면 사람의 체온인 섭씨 36.5도에서 피가 끓어 버린다고 합니다. 사람이 땅 위에서 살아야 하는 까닭을 알겠지요?

여기서 잠깐!

사방에서 작용하는 공기의 압력이 얼마나 센지를 알아본 유명한 실험이 있습니다. 1654년에 독일의 과학자 게리케(1602~1686)는 공기의 압력을 재기 위해 두 개의 반쪽 구를 맞붙이고, 그 안에 든 공기를 빼서 진공 상태로 만들었어요.

반쪽 구 양쪽에 말을 매 서로 반대 방향으로 잡아당기게 했습니다. 처음에 양쪽에 말을 두 마리씩 묶어서 잡아당겼으나 반쪽 구는 꿈쩍도 하지 않았습니다. 게리케는 말의 숫자를 차차 늘여갔습니다. 몇 마리까지 늘렸을까요?

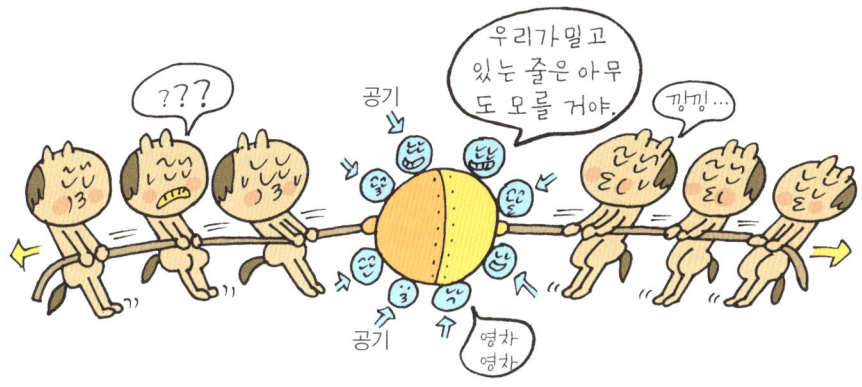

　무려 양쪽에 8마리씩, 그러니까 전부 16마리의 말을 반쪽 구에 묶어 잡아당기게 했습니다. 그러자 마침내 반쪽 구가 떨어졌는데, 그때 얼마나 큰 소리가 났는지, 가까이에서 구경하고 있던 사람들이 모두 놀라 뒤로 나자빠졌을 정도였대요. 반쪽 구가 떨어지지 않은 까닭(안에는 공기가 거의 없다)은 바깥 사방에서 공기가 밀고 있었기 때문입니다. 이처럼 공기의 압력은 엄청나게 셉니다. 달리는 버스나 트럭을 멈추게 하는 브레이크도 공기의 압력을 이용하고 있지요.

바람은 어디서 불어 올까?

　지금까지 우리는 시루떡처럼 하늘을 덮고 있는 공기층에 대해서 알아보았습니다. 그런데 공기층은 단단한 바위처럼 하늘에 붙박여 있는 것은 아닙니다. 공기는 물하고 비슷해서 끊임없이 출렁이고 기압이 낮은 쪽으로 흘러갑니다. 물도 언제나 높은 곳에서 낮은 곳으로 흐르지요?

자, 이제 서해 바다와 우리나라 땅을 하나의 거대한 솥이라고 생각해 봅시다. 그 솥 안에 공기가 물처럼 가득 들어 있습니다. 솥에 불을 지펴 그 안에 든 공기를 데우려고 합니다. 어떻게 하면 좋을까요? 반고 같은 거인이 있다면 충분히 솥을 달굴 수 있을 텐데. 하지만 너무 실망할 필요는 없습니다. 우리에게는 고마운 태양이 있으니까요.

낮에 태양은 하늘 높은 곳에서 지글지글 타오릅니다. 태양에서 나온 빛은 거대한 솥으로 쏟아져 내립니다. 땅과 바다, 공기가 열을 받아 조금씩 데워지겠지요? 그런데 어떻게 데워질까요? 물은 천천히 데워지고 천천히 식습니다. 그렇지만 땅은 성질이 급한 사람처럼 확 달아올랐다가 금방 식어 버리지요. 그래서 땅이 바다보다 훨씬 빨리 데워집니다.

앞에서 열(에너지)을 받은 공기는 밀도가 낮아져서 위로 올라간다고 했지요? 밀도가 낮은 공기층은 밀도가 높은 공기층보다 가볍습니다. 햇빛이 땅과 바다에 한꺼번에 쏟아지면 성질이 급

해풍은 낮에 불고, 육풍은 밤에 분다.

한 땅이 먼저 데워져 땅 위에 있는 공기층은 가벼워지고, 바다 위에 있는 공기층은 땅 위 공기층보다 무거워집니다.

어떤 공기층이 옆에 있는 공기층보다 무겁다는 것은 누르는 힘(기압)도 크다는 뜻입니다. 아빠와 동생을 업어 본 아이는 무거운 아빠가 가벼운 동생보다 누르는 힘이 훨씬 크다는 것을 잘 알지요?

이렇듯 땅 위의 공기는 가벼워서 위로 올라가고 바다 위의 공기는 무거워서 자꾸만 아래로 내려가면 어떻게 될까요? 가벼운 공기가 올라가고 빈 자리로 무거운 공기가 내려오겠지요. 바로 대류가 일어나는 것입니다.

또 무거운 공기와 가벼운 공기 사이에 어떤 공기 덩어리가 있다고 하면 이 공기 덩어리는 어떻게 될까요? 당연히 가벼운 공기 쪽으로 밀려가겠지요? 이것이 바로 '바람'이랍니다.

 바람은 고기압에서 저기압으로 분다

서해안에 가면 대천 해수욕장이 있습니다. 지금 어떤 사람이 해수욕장에 서서 눈살을 찌푸리고 있네요. 햇볕은 쨍쨍! 모래알은 반짝!

 푸르고 아름다운 바다를 보는 기쁨도 잠깐, 한낮의 뜨거운 태양이 그를 금방 지치게 했나 봅니다. 어디선가 시원한 바람이 불어 온다면 그의 이마에 흐른 땀을 식혀 줄 텐데…….

그런데 그 순간 정말 맑고 시원한 바람이 불어왔습니다. 어디서 불어 온 바람일까요? 바다 위의 시원하고 무거운 공기가 더운 육지 쪽으로 밀려왔겠지요? 그 사람은 드넓은 바다를 향해 두 팔을 벌리고 마음껏 바람을 맞습니다. 상쾌하고 시원한 바닷바람을.

주위보다 공기가 무거운 곳은 당연히 기압도 높겠지요? 이것을 '고기압'이라고 합니다. 반대로 주위보다 공기층이 가벼워 기압이 낮은 것을 '저기압'이라고 해요. 이제 바람이 생기는 까닭을 날씨 용어를 써서 말해 볼까요?

"바람은 두 공기층의 기압이 다를 때 생긴다. 고기압에서 저기압으로!"

여기서 한 가지 주의해야 할 점은, 고기압이나 저기압이라고 하는 것은 그저 기압이 높거나 낮은 것을 말하는 게 아니라 자기 둘레와 비교했을 때 높거나 낮다는 것입니다. 1,000헥토파스칼이라도 둘레가 1,200헥토파스칼이면 저기압이고, 900헥토파스칼이라도 둘레가 800헥토파스칼이면 고기압이 되는 거지요.

고기압과 저기압의 기압 차가 크면 클수록 바람은 세게 붑니다. 산골짜기의 개울물은 아주 빠르게 흘러내립니다. 그러나 바

기압이 같은 곳을 선으로 이으면 텔레비전에서 일기예보를 할 때 보는 일기도가 된다. 이때 선이 촘촘하게 이어져 있을수록 고기압과 저기압 사이에 기압 차가 큰 것이고 바람도 세게 분다.

다에 가까운 넓은 강은 천천히 흐르지요. 골짜기 바닥은 기울기가 급하고 넓은 강은 바닥이 거의 평평하기 때문입니다. 바람도 물처럼 기압의 기울기가 급하면 세게 불고 완만하면 약하게 부는 거예요. 기압이 같은 곳을 선으로 이으면(등압선) 우리가 텔레비전에서 일기 예보를 할 때 흔히 보는 일기도가 됩니다. 고기압과 저기압이 있고 그 둘레에 둥글고 구불구불한 선이 여러 겹 그어져 있지요?

이때 선이 촘촘하게 그어져 있으면 고기압과 저기압 사이에 기압 차가 큰 것입니다. 그때는 바람이 세게 분다는 것을 이제 알 수 있겠지요? 당장 오늘 저녁부터 일기 예보를 한번 보세요. 아무것도 모르고 볼 때보다 훨씬 재미있을 것입니다.

하늘로 올라간 공기는 어떻게 될까?

이번에는 비가 어떻게 내리는지 알아볼까요? 저기압에서 데워진 공기는 위로 올라간다고 했지요? 그 공기가 어떻게 되는지 알아봅시다.

둘레보다 따뜻한 공기는 밀도가 낮고 가벼워 위로 올라갑니다. 위로 올라갈수록 둘레의 기압도 낮아지기 때문에 공기는 더 높이 올라갈 수 있지요. 이때 공기를 이루는 기체들은 움직임이 점점 자유로워집니다. 자유롭다는 것은 서로 부딪치지 않고 멀리까지 움직일 수 있다는 뜻입니다. 이것을 '단열 팽창'이라고 하는데, 단열 팽창이 무슨 말인지 알아볼까요?

단열이란 말은, 공기 덩어리를 하나의 풍선이라고 하면, 풍선이 위로 올라가는 동안 풍선이 바깥으로 열을 내보내거나 흡수하지 않는다는 말입니다. 위로 올라가면 둘레의 기압이 낮아지기 때문에 바깥에서 풍선을 누르는 힘보다 안에서 바깥으로 미는 힘이 더 커집니다. 그러면 풍선은 부풀어 커지겠지요. 이것을 '팽창'이라고 합니다.

만약 풍선이 뻥, 하고 터졌다면 안에 갇혀 있던 공기들이 교문을 나서는 아이들처럼 사방으로 흩어지겠지요? 어떤 물체가 따로 바깥에서 에너지를 얻지 않고 스스로 움직이려면 자신이 가지고 있던 에너지를 써야만 합니다.

이처럼 단열 팽창을 하는 공기도 자신의 에너지를 써서 자유롭게 움직입니다. 자유로워지는 것은 소중한 일이지만 공짜는 없습니다. 언제나 그 값을 치르게 마련이지요. 단열 팽창을 한 공기는 자유로워진 대신에 에너지(열)를 잃어버려서 차가워집니다(냉각). 마치 촛불이 스스로를 태워 사라지듯 에너지를 잃은 공기는 점점 차가워지는 거예요.

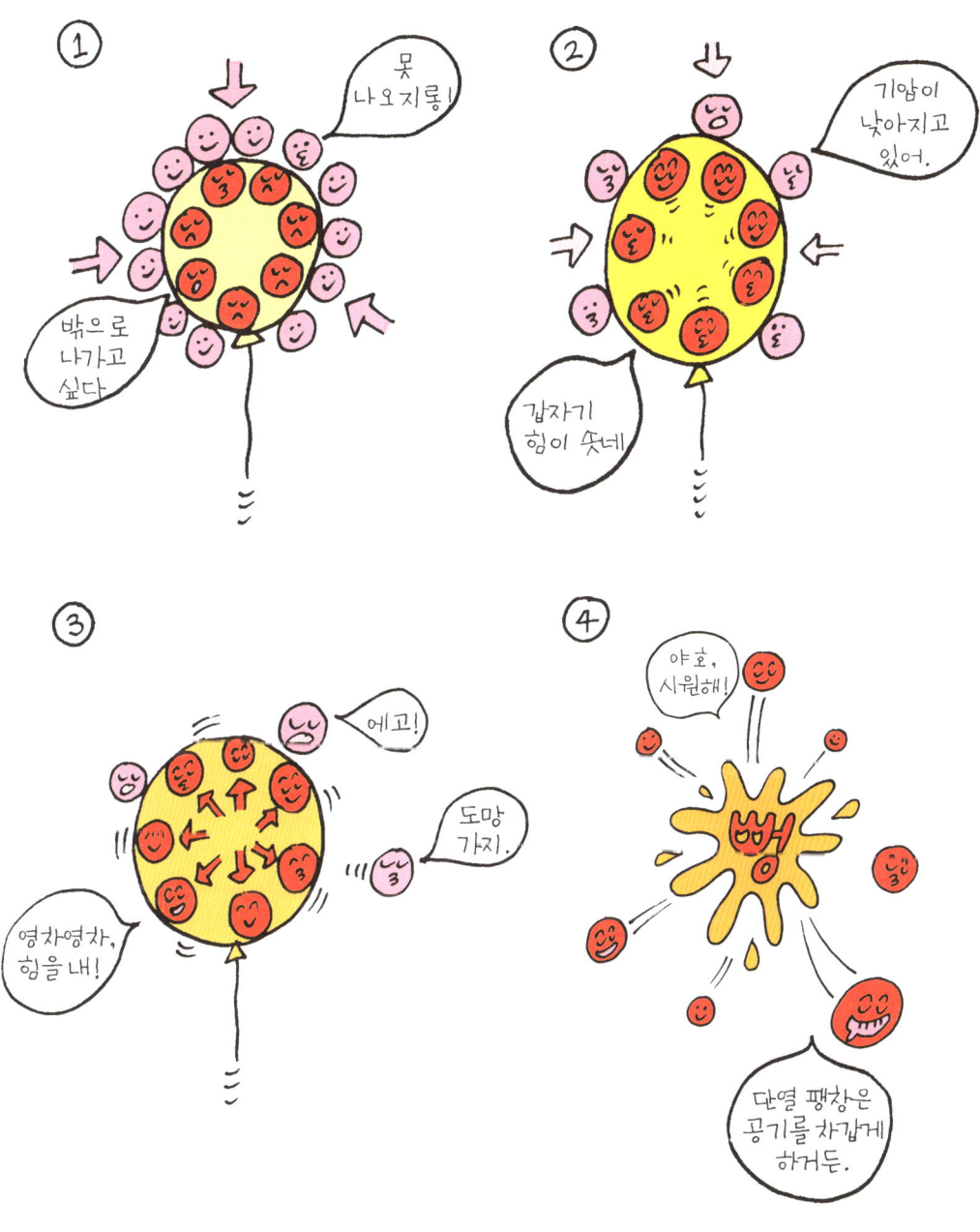

수증기의 변신

비는 공기 중에 떠 있는 수증기가 물로 변해서 된 것이라는 사실은 누구나 알고 있습니다. 그런데 수증기가 어떻게 물이 되었을까요? 그리고 그것과 단열 팽창은 무슨 관계가 있을까요?

지구가 가지고 있는 물은 대부분 바다에 있습니다. 전체 물 양의 약 97퍼센트가 바닷물이고, 수증기는 약 0.001퍼센트예요. 공기 중에 있는 수증기는 바닷물과 비교하면 아주 적은 양이지만 이것이 비가 되어 땅 위에 있는 모든 생물을 살리고 때로는 큰 홍수까지 일으킵니다. 자, 그럼 수증기가 어떻게 물이 되는지 알아봅시다.

우리는 흔히 섭씨 0도에서 물이 얼음으로 바뀐다고 알고 있습니다. 그런데 증류수처럼 불순물이 들어 있지 않은 깨끗한 물은 영하 20도가 되어도 얼음으로 바뀌지 않습니다.

차가운 유리창에 입김을 불면 김이 하얗게 서립니다. 이것은 입김이 차가워져서 물방울이 된 것이지요. 그렇다면 수증기는 차가워지면 무조건 물방울이 되는 걸까요? 실제로 영하 40도가 넘는 높은 하늘에도 수증기는 있습니다. 차갑다고 해서 무조건 물방울이 되는 것은 아니에요. 그러면 도대체 수증기는 어떻게 해서 물방울이 되는 걸까요?

사방이 꽉 막힌 상자 안에 물이 든 그릇을 놓아 두고 무슨 일이 벌어지는지 알아봅시다. 물이나 수증기를 이루고 있는 물분자(H_2O, 산소 원자 하나와 수소 원자 두 개가 뭉쳐 이루어진 물의 최소 단위)들은 잠시도 가만 있지 않고 끊임없이 움직이고 있습니다.

수면에서 움직이고 있던 물분자들이 물 바깥으로 튀어나가

수증기가 되기도 하고 공기 중에 있던 수증기가 수면에 부딪쳐 물이 되기도 합니다. 만약 원래 공기 중에 수증기가 아주 적게 있었다면 수면에 있던 물분자들이 훨씬 많이 바깥으로 튀어 나

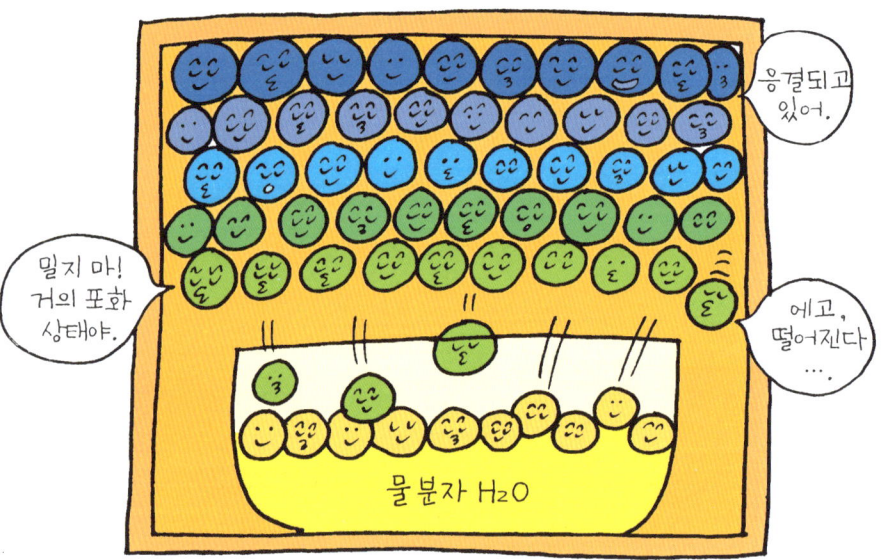

갑니다. 그러면 공기 중에는 점점 수증기가 많아지겠지요. 그릇에서 바깥으로 튀어나가는 물분자의 수와 공기에서 그릇으로 뛰어드는 물분자의 수가 같아질 때까지 물분자들은 서로 섞입니다. 양쪽이 서로 같아졌을 때 공기는 수증기로 '포화' 되었다고 말하지요.

포화가 되면 공기는 더 이상 수증기를 가질 수 없게 됩니다. 음식을 배불리 먹었을 때,

"와, 이젠 포화 상태야. 더 먹으면 배가 터지고 말 거야."

라고 하지요?

공기라는 텅 빈 공간(물론 완전히 텅 비어 있는 것은 아니지요)에 수증기가 끝없이 들어갈 수 있는 것은 아닙니다. 최대한 들어가 포화가 되었는데도 공기 속에 수증기가 더 들어오면 어떻게 될까요? 공기는 더 이상 수증기를 받아들일 수 없기 때문에 남은 수증기들은 물방울로 변하고 맙니다. 이것을 '응결'이라고 해요.

이때 중요한 것은 온도에 따라 공기가 수증기를 포함하는 양이 달라진다는 것입니다. 온도가 높으면 공기가 활발해져서(밀도가 낮아서) 더 많은 수증기를 품을 수 있고, 온도가 낮으면 공기의 움직임이 둔해져서(밀도가 높아져서) 포함할 수 있는 수승기의 양이 줄어듭니다.

 구름의 탄생

따뜻한 공기가 위로 올라가면 단열 팽창을 해서 차가워진다고 했습니다. 공기가 차가워지면 밀도가 높아져 수증기를 포함할 수 있는 양이 줄어듭니다. 다시 말하면 적은 양의 수증기로도 포화가 된다는 뜻이지요. 포화 상태에서도 계속 차가워지면 더 채울 수 없는 수증기가 생기겠지요? 이 수증기들이 물방울로 바뀌는 것입니다. 이런 물방울이 모인 것을 '구름'이라고 해요.

그런데 모든 공기가 포화만 되면 다 물방울을 만들까요? 앞에서도 말했듯이 불순물이 없는 깨끗한 공기는 영하 수십 도가 되어도 물방울이 생기지 않습니다. 왜 그럴까요?

간단하게 할 수 있는 실험을 한번 해 봅시다. 솜이나 거름종이를 이용해서 깨끗하게 만든 공기를 사방이 막힌 그릇 안에 집어넣고 갑자기 공기를 뺍니다. 공기 빼는 것은 단열 팽창을 시킨다는 이야기입니다. 그러면 그릇 안에 있는 공기가 차가워져서 수증기가 포화되겠지요? 그러나 그릇 어디에도 물방울은 보이지 않습니다. 잠시 뒤에 종이를 태워서 나온 연기를 그릇 안에 집어넣습니다. 그러면 순식간에 작은 물방울이 생겨 그릇 안이 뿌옇게 흐려집니다. 어떻게 된 일일까요?

연기에는 종이가 타서 생긴, 눈에 보이지 않는 작은 알갱이가 들어 있습니다. 이것은 물을 빨아들이는 성질이 있어요. 연기 알갱이가 수증기로 포화된 공기 속으로 들어가면 곧바로 수증기들이 달라붙습니다. 이 수증기 덩어리가 아주 작으면 물분자들이 도로 떨어져 나가 버립니다. 그러나 어떤 크기를 넘어서면 수증기들이 계속 달라붙어 물방울로 자란답니다.

 이 연기 알갱이와 같은 것들을 '응결핵'이라고 합니다. 실제 공기 속에는 여러 가지 응결핵들이 많아요. 바닷물에서 튀어나와 공기 중으로 들어간 소금 알갱이, 공장 굴뚝에서 나오는 연

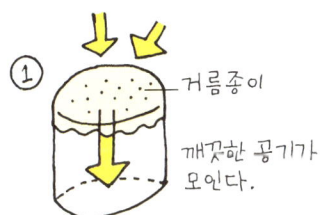

갑자기 공기를 빼면 단열 팽창과 같은 효과가 생긴다. 포화된 상태이지만 응결핵이 없어서 물방울이 생기지 않는다.

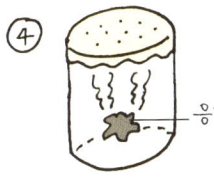

물방울이 생긴다.

기, 자동차 배기 가스, 흙이나 돌에서 생긴 먼지 따위들이 모두 응결핵입니다.

겨울에 눈을 뭉쳐 눈사람을 만들어 본 사람은 응결핵이 얼마나 중요한지 알 수 있을 거예요. 눈을 그냥 굴리면 절대로 큰 덩어리로 뭉쳐지지 않습니다. 처음에 주먹만 한 눈덩어리를 돌멩이처럼 단단하게 뭉쳐야 되지요. 이 눈덩어리를 조금씩 굴리면 그 위로 눈이 조금씩 달라붙어 나중에 큰 덩어리가 되는 것입니다.

물이 얼음으로 바뀌는 것도 마찬가지입니다. 섭씨 0도를 넘으면 물은 포화 상태가 됩니다. 이때 응결핵과 같은 알갱이가 있으면 곧바로 그것을 중심으로 얼어붙습니다(물을 얼게 하는 것을 '빙정핵'이라고 해요). 앞에서 말한 영하 20도가 되어도 얼지 않는 물은 빙정핵이 없어서예요. 보통 물이 섭씨 0도에서 어는 것은 그만큼 물 속에 불순물이 많다는 뜻이지요.

여기서 잠깐!

물 같은 액체는 자신의 겉넓이를 가장 작게 하려는 성질이 있습니다. 이것을 '표면장력'이라고 하는데 어떤 부피에서 겉넓이가 가장 작은 것은 공 모양입니다. 그래서 풀잎에 맺힌 이슬이 언제나 동글동

글한 공 모양을 하고 있는 것이지요.

　수증기가 물방울로 커져 갈 때, 작은 수증기일수록 겉넓이가 훨씬 빨리 커지려고 듭니다. 예를 들어 물분자는 테니스공만 하고, 수증기가 야구공만 한 것과 농구공만 한 것이 있다고 합시다. 테니스공과 야구공이 뭉치면 전체 겉넓이는 거의 배로 커지지만, 테니스공과 농구공이 뭉치면 겉넓이는 조금 커지겠지요?

　물은 최대한 자신의 겉넓이를 작게 하려 하기 때문에 수증기가 야구공만 할 때는 뭉치려 하지 않을 것입니다. 왜냐하면 겉넓이가 아주 커지기 때문이지요. 결국 수증기가 작으면 작을수록 수증기는 물방울로 성장하기가 어렵다는 말이 됩니다.

　그래서 아주 작은 물방울은 생겨도 금방 증발해 버립니다. 어느 정도 크기를 넘어서야만 크게 자랄 수 있는 거예요. 이것을 도와주는 것이 바로 응결핵입니다. 응결핵은 표면장력을 이기고 물방울이 빠르게 성장할 수 있도록 해 줍니다.

옛날에는 가뭄이 심하게 들면 기우제(비가 오도록 하늘에 비는 제사)를 지냈습니다. 그런데 신통하게도 그렇게 비가 오지 않다가 기우제를 지내고 나면 비가 내렸다는 이야기가 많아요.

이것은 어느 정도 사실일지도 모릅니다. 왜냐하면 기우제를 지낼 정도가 되었으면 비가 아주 오랫동안 내리지 않았을 것입니다. 하늘은 끊임없이 변하기 때문에 비는 언젠가는 내리게 되어 있습니다. 그런데 한동안 오지 않았다면 머지 않아 내릴 가능성이 크겠지요. 게다가 기우제를 지낼 때 사람들이 많이 모이거나 불을 태웠다면 응결핵이 될 수 있는 먼지나 연기가 하늘로 많이 올라갔을 것입니다. 혹시 이것이 비를 만드는 데 큰 몫을 하지 않았을까요?

하지만 물방울이 만들어졌다고 해서 모두 비가 되는 것은 아닙니다. 실제로 구름은 두둥실 떠 있지만 비가 오지 않는 날도 많으니까요. 구름은 어떻게 비로 바뀔까요?

여기서 잠깐!

여러가지 구름

구름은 두둥실 떠서 이리저리 옮겨 다니고 모양이 여러 가지인데 다가 수시로 변하기 때문에 사람들은 구름을 보며 온갖 상상을 하곤 했습니다. 비록 가끔씩 심술궂은 구름이 많은 비를 뿌려 얄밉기도 하지만 하늘에 구름이 없다면 사람들의 마음은 메마르고 거칠어지지 않았을까요?

세계기상기구(WMO)에서는 날씨에 따른 구름의 종류를 10가지로 정하고 있습니다. 먼저 구름이 떠 있는 높이에 따라 높은 구름(상층운), 중간 구름(중층운), 낮은 구름(하층운)으로 나누고, 여기에 구름의 모양에 따라 적운(둥그런 솜처럼 생긴 구름이 뭉게뭉게 쌓인 모양), 층운(평평하게 층을 이룬 모양)으로 나눕니다.

새털 같다고?

권운(새털구름) 가장 높은 곳(보통 5~12킬로미터)에 떠 있는 구름으로, 흰 머리털이나 가는 실 모양이 나란히 이어져 있는 모양입니다. 대부분 얼음덩어리로 되어 있고 하늘 전체에 퍼져 있으며 시간이 지나면 점점 짙어집니다.

권층운(털층구름) 권운과 비슷한 높이에 떠 있으며 하늘에 하얀 면사포를 펼친 듯한 모양입니다. 이 구름에 가려 해나 달 주위에 햇무리, 달무리가 나타납니다. 온난전선 위에 자주 생기는데, 이 구름이 나타나면 날씨가 궂어질 때가 많습니다.

권적운(털쌘구름, 비늘구름) 권운과 비슷한 높이에서 생기고, 찐빵처럼 생긴 둥그런 덩어리가 무리지어 나타납니다. 매우 아름다워서 옛날부터 시나 노래에 자주 나왔습니다. 그러나 이 구름이 나타나면 거의 비가 오기 때문에 고기잡는 어부들은 늘 조심하지요.

고적운(높쌘구름) 2~7킬로미터 높이에서 생기고, 권적운보다는 크고 둥근 덩어리가 울퉁불퉁하게 이어진 모양입니다. 이 구름이 하늘에 퍼져 있으면 날씨가 흐려지고, 구름덩어리의 가장자리가 점점 옅어지면 날씨는 맑아집니다.

고층운(높층구름) 권층운이 더욱 짙어지고 아래로 낮게 내려온 모양입니다. 하늘 전체를 덮고 있을 때는 흐린 먹물을 뿌려 놓은 것처럼 보입니다. 봄에 꽃이 필 무렵, 흐린 날 하늘을 넓게 덮고 있는 구름이 대개 이 고층운입니다. 온난전선에 따라 나타나기 때문에 가는 비를 뿌립니다.

층적운(층쌘구름)　지표면에서 2킬로미터 높이에 떠 있으며 판자 모양의 구름과 둥근 덩어리가 층을 이루고 떠 있으며 대부분 잿빛 또는 짙은 잿빛입니다.

아아, 흐린 구름을 보니 내 마음 울적해지네.

무서워!

난층운(비구름) 검은빛이 도는 짙은 회색의 두꺼운 층을 이루는 구름으로, 흔히 구름 아랫부분은 비가 오기 때문에 모양이 뚜렷하지 않습니다. 이 구름은 갑자기 생기는 것이 아니라 고층운이 점점 두터워져서 비구름으로 바뀐 것입니다.

적란운(소나기구름) 적운 모양이 아주 웅대하게 자라 높은 하늘까지 뻗은 구름입니다. 대개 낮은 하늘에서, 따뜻하고 수증기가 많은 공기를 받아 갑자기 커다랗게 자라며 천둥 번개와 함께 소나기가 쏟아집니다.

 구름은 어떻게 비가 될까?

　빗방울은 구름을 이루고 있는 물방울보다 수천 배는 큽니다. 아주 큰 빗방울은 백만 배나 되는 것도 있어요. 물방울은 둘레에 있는 수증기가 달라붙어 계속 커질 수 있지만, 빗방울이 되기까지는 몇 시간 또는 며칠이 걸리기도 합니다.

　그런데 실제 구름이 만들어지고 얼마 되지 않아 비가 내리는 때가 많습니다. 이것은 물방울이 수증기가 달라붙는 것만으로는 비가 될 수 없다는 것을 말해 주고 있지요.

　공기 중에 섞여 있는 응결핵은 크기가 여러 가지입니다. 큰 것은 작은 것보다 수만 배나 더 크거든요. 큰 응결핵은 더 큰 물방울을 만듭니다. 이런 물방울들이 구름 속에서 계속 자라면 결국 중력을 이기지 못하고 빠르게 떨어집니다. 사실 구름을 이루는 작은 물방울도 아래로 떨어지기는 합니다. 그러나 공기의 저항과 상승 기류(따뜻한 공기가 위로 올라가는 것) 때문에 아주 느리게 떨어지거나 도리어 위로 올라가기도 하지요.

　하늘에서 떨어지는 물체는 처음에는 점점 속도가 빨라지지만 나중에는 일정해집니다. 하늘에 공기가 없다면 뉴턴의 중력법

칙에 따라 떨어지는 물체의 속도는 한없이 커집니다. 그러나 공기의 마찰이 떨어지는 것과 반대로 위로 작용하기 때문에 어느 때가 되면 두 힘이 같아져 더 이상 속도가 빨라지지 않습니다.

속도가 더 이상 빨라지지 않아도 무거운 물체가 가벼운 물체보다는 더 빨리 떨어집니다. 그래서 큰 물방울들은 작은 물방울보다 훨씬 빨리 떨어집니다.

큰 물방울들은 떨어지면서 둘레에 있는 작은 물방울들과 부딪치고 서로 달라붙습니다. 이렇게 해서 커진 물방울들이 곧 빗방울이에요. 어느 크기를 넘어선 빗방울들은 이제 자기 크기를 이기지 못하고 떨어지면서 깨지고 맙니다. 이런 과정을 거치면서 만들어진 빗방울들이 마침내 땅으로 떨어집니다. 이것은 구름 속의 온도가 섭씨 0도보다 클 때 생기는 비입니다. 그래서 이런 비를 따뜻한 비라고 하지요. 대개 이런 비는 따뜻한 열대지방에서 생깁니다.

우리나라를 비롯해서 위도가 높은 곳(중위도 또는 고위도 지방)에서는 따뜻한 비가 거의 내리지 않습니다. 왜냐하면 위도가 높은 곳에서는 하늘의 기온이 매우 낮아서 수증기가 물방울로 남아 있을 수 없기 때문입니다.

따뜻한 비 　　　　찬 비

　따뜻한 공기가 위로 올라가면 수증기는 차가워져 영하 40도쯤에서 스스로 얼음 알갱이로 변합니다(높이 약 11km). 이때 둘레에 있던 수증기들이 이 얼음 알갱이에 달라붙으면서 얼어붙습니다(승화). 이렇게 해서 커진 얼음 알갱이는 아래로 떨어집니다.

　얼음 알갱이가 어느 정도 높이까지(약 5km) 내려오면 포화 상태를 넘긴 물방울들로 이루어진 구름을 만납니다. 빙정핵이 없어서 얼지 못하고 있던 이 물방울들은 마치 응결핵 둘레에 수증기가 달라붙듯이 곧바로 얼음 알갱이에 달라붙습니다. 얼음 알갱이들은 계속 떨어지면서 서로 부딪치고 달라붙어 더욱 커집니다. 이것이 그대로 땅으로 떨어지면 눈이 되고, 떨어지면서 기온이 올라가 녹으면 비가 됩니다. 이런 비를 찬비라고 합니다.

달걀만 한 우박

눈 크기로 자란 얼음 알갱이가 아래로 떨어지지 못하면 어떻게 될까요? 대개 떨어지지 못하는 까닭은 강한 상승 기류 때문

입니다. 따뜻하고 수증기를 많이 품은 공기는 풍부한 에너지를 가지고 있기 때문에 강력한 힘으로 위로 올라갑니다.

높은 하늘에서 만들어진 얼음 알갱이가 떨어지면서 커지다가

이런 상승기류를 만나면 더 이상 떨어지지 못하고 거꾸로 위로 올라갑니다. 상승기류의 힘이 중력보다 더 세기 때문이지요.

　더 위로 올라간 얼음 알갱이는 그곳에 있는 포화된 물방울에 둘러싸여 또 다시 커집니다. 강한 상승기류가 작용하고 있는 동안 얼음 알갱이는 이렇게 위로 올라갔다 떨어졌다 하면서 몇 겹의 층을 이루는 커다란 얼음덩어리로 자랍니다. 이것이 마침내 무게를 이기지 못하고 떨어지면 우박이 되지요.

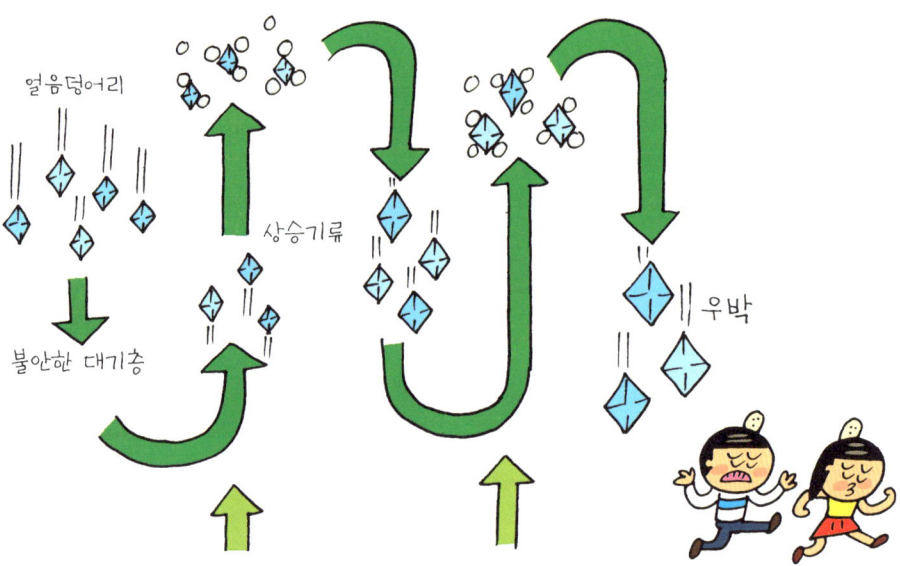

우박은 농사를 짓는 봄부터 초가을 사이에 흔히 내립니다. 큰 것은 지름이 5센티미터까지 되는 것도 있어, 막 자라기 시작한 농작물이나 수확을 앞두고 탐스럽게 익은 과일들이 큰 피해를 입곤 합니다. 1968년 인도에서는 지름이 30센티미터나 되는 우박이 떨어져 수십 명이 다치거나 죽었다고 합니다. 그야말로 수박만 한 돌덩이가 하늘에서 떨어진 거지요.

여기서 잠깐!

빛의 마술, 무지개는 어떻게 생길까?

연못에 돌을 던지면 둥그런 물결이 아래위로 출렁이며 퍼져 나갑니다. 이 물결을 '파동'이라고 하고, 위로 올라간 부문을 '마루', 아래로 내려간 부분을 '골'이라고 하지요. 이때 마루와 마루, 골과 골 사이를 '파장'이라고 합니다.

빛도 물결처럼 파동으로 움직입니다. 빛의 파동을 '전자기파'라고 해요. 물론 우리 눈에 보이지 않는 빛은 물결보다 파장이 훨씬 짧습니다. 빛은 파장이 다른 여러 가지 파로 이루어져 있습니다. 적외선은 파장이 길고, 자외선은 짧습니다. 가시광선은 붉은색에서 파란색으로 갈수록 파장이 짧아집니다.

어, 그런데 앞에서 빛은 에너지 덩어리라고 하지 않았나요? 어떻게 된 거지요? 에너지 덩어리와 파동은 완전히 다른 건데, 도대체 무엇이 맞는 말일까요?

답은 둘 다 맞는다는 것입니다. 과학자들도 이것 때문에 오랫동안 고민하고 서로 다투었어요. 한쪽에서는 에너지 덩어리라고 주장하고 다른 한쪽은 파동이라고 주장한 것이지요. 사실 빛은 에너지 덩어리이면서 또한 파동입니다. 두 가지 성질을 동시에 갖고 있거든요. 그래서 어떤 때는 에너지 덩어리로 행동하고 또 어떤 때는 파동으로 행동합니다. 이것을 '빛의 이중성'이라고 합니다. 하늘이 파랗게 보이는 거나 붉은 저녁 노을, 무지개 따위들은 빛을 파동으로 이해해야만 알 수 있는 것들이에요.

빛은 파장이 짧을수록 공기층을 잘 통과하지 못하고 사방으로 반사됩니다. 이것을 빛의 '산란'이라고 해요. 그래서 파장이 짧은 파란색이 붉은색보다 반사가 잘 일어나 하늘이 파랗게 보인답니다.

반대로 파장이 긴 붉은색은 공기층을 잘 통과합니다. 서쪽으로 지는 해에서 나온 빛은 낮보다 공기층을 더 멀리 통과해야 우리 눈까지 옵니다. 그러니 공기층을 잘 통과하는 붉은색이 다른 색보다 훨씬 많이 보이겠지요? 그래서 저녁 노을이 붉은 것입니다.

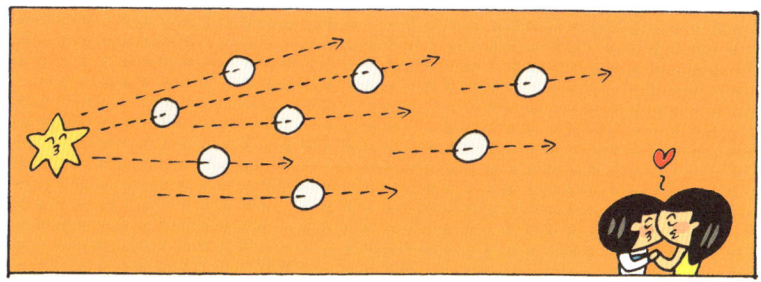

무지개는 앞에서 얘기한 프리즘을 통과한 빛과 같습니다. 빛은 유리 막대를 통과할 때 에너지의 크기에 따라 휘어진다고 했지요? 에너지의 크기는 파동으로 얘기하면 파장의 길이와 같은 말입니다. 파장이 짧을수록 에너지가 큽니다. 파장이 짧은 파란빛은 많이 휘고 파장이 긴 붉은빛은 적게 휩니다. 그래서 프리즘을 통과한 빛이 빨주노초파남보로 보이는 것입니다.

물방울도 프리즘과 똑같은 구실을 합니다. 둥그런 물방울로 빛이 들어가면 프리즘과 똑같이 휘어져 물방울의 반대편으로 갑니다. 물방울 반대편 가장자리는 거울과 같은 구실을 해서 빛을 반사시킵니다. 반사된 빛은 물방울을 빠져 나오면서 다시 처음처럼 휘어집니다. 이 빛을 우리가 보는 것이지요.

비가 내리고 나면 하늘은 맑은 물방울이 많이 남아 있습니다. 빛이 이 물방울에 들어가서 되돌아나올 때 보이는 것이 바로 무지개입니다. 둥그렇게 하늘에 떠 있는 모습은 정말 아름답지요. 그러나 요즘 도시에서는 무지개를 보기 어렵습니다. 비가 내리고 나서도 물방울 속에 먼지와 같은 불순물이 많이 남아 있어 빛이 잘 반사되지 않기 때문이에요. 우리에게 꿈을 심어 주고 끝없는 상상을 펴게 하는 무지개를 보기 위해서라도 공기는 맑고 깨끗해야만 할 텐데요.

4 공기의 거대한 흐름

- 지구는 커다란 팽이
- 지구를 둘러싼 공기의 거대한 흐름
- 없지만 있는 힘, 코리올리 효과
- 바람의 왕, 제트 기류
- 해마다 찾아오는 바람, 계절풍
- 전선이 뭐지?

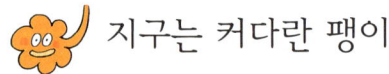 **지구는 커다란 팽이**

  지금까지 우리는 공기가 어떻게 지구를 둘러싸고 있는지, 그리고 그 공기가 어떻게 수증기를 하늘 높이 올려서 구름과 비를 만드는지 알아보았습니다. 그 사이 알게 모르게 날씨에 대해서 많은 것을 배웠을 거예요.

  하지만 우리에게는 아직도 많은 의문이 남아 있습니다. 왜 봄, 여름, 가을, 겨울이라는 사계절이 있을까요? 해마다 여름에는 왜 한 달 내내 비가 내리며, 태풍은 어떻게 해서 생기는 걸까요? 텔레비전에서 일기 예보를 유심히 본 사람은 구름이 언제나 서쪽에서 동쪽으로 흘러가는 것을 보았을 것입니다. 왜 그럴까요?

  자, 이제 이 장에서는 이런 것들에 대해 궁금증을 풀어 보겠습니다.

  우주에서 보면 지구는 한 점 먼지보다도 작지만 우리 인간에게는 무지무지하게 큰 거대한 공간입니다. 그 지구를 둘러싸고 있는 공기는 열(에너지)의 많고 적음에 따라 지구 전체를 가로지르며 거대하게 흐르고 있습니다. 이것을 알아야만 날씨가 왜 변하는지 알 수 있어요.

옛날에 반고라는 신이 여러 신들과 함께 팽이치기 놀이를 하고 있었습니다. 그들이 가지고 놀던 팽이가 어떤 것인 줄 아세요? 바로 수성, 금성, 지구, 화성, 목성, 토성이었어요.

물의 신이 수성, 쇠의 신이 금성, 반고가 지구, 그리고 불의 신이 화성, 나무의 신이 목성, 흙의 신이 토성을 가지고 팽이를 쳤습니다. 신들이 팽이를 한 번 치면 수백 년 동안 끄떡없이 뱅글뱅글 돌았습니다. 신들은 팽이를 가운데 놓고 빙 둘러서서 누구 팽이가 먼저 죽는지 시간 가는 줄 모르고 지켜보았습니다.

그러던 어느 날이었어요. 목성이 먼저 도는 속도가 줄어들더니 한쪽으로 기울어져 비틀거렸습니다. 꼿꼿이 서서 뱅글뱅글 돌던 팽이가 힘이 떨어지면 옆으로 조금 기울어져 좌우로 흔들리면서 돌지요? 그러다 시간이 지나면 점점 심하게 비틀거리다 결국 쓰러지고 맙니다.

이것을 지켜본 나무의 신은 큰일났다는 생각이 들었습니다. 덩치가 가장 큰 자기 팽이가 맨 먼저 죽게 생겼으니 창피를 당할 게 뻔했거든요. 나무의 신은 아무도 눈치채지 못하게 재빨리 목성에다 마법을 걸었습니다. 더 이상 쓰러지지 않게 말이지요.

나무의 신이 어떻게 했는지도 모른 채 팽이들을 지켜보고 있던 다른 신들은 자기 팽이도 조금씩 힘이 떨어지고 있다는 것을 알았습니다. 막상 자기 팽이가 비틀거리는 것을 본 신들은 죽어도 꼴찌가 되기는 싫어 모두들 마법을 걸기 시작했습니다.

곧 죽을 것 같던 팽이들이 기울어져 흔들리면서도 더 이상 쓰러지지는 않았습니다. 모두가 마법을 걸었다는 것을 알면서도 서로 눈치만 볼 뿐 아무도 나서서 문제를 해결하려 들지 않았습니다. 그렇게 세월이 흘러 수백 년이라는 시간이 지났습니다.

이제 신들은 아주 지겨워졌습니다. 누군가 죽어야만 시합이 끝날 텐데, 팽이는 언제나 기울어진 채로 돌고 있었거든요. 마침내 화성의 주인인 불의 신이 말했습니다.

"아, 오줌 마려워 죽겠구먼. 화장실을 갔다 와야겠는데, 어떻게 하지?"

빨리 시합을 끝내고 싶었던 신들은 마침 잘 되었다는 생각이 들었습니다. 어떻게 하든 핑계를 만들어 시합에 지지 않고 이 자리를 피하고 싶었던 거예요. 반고가 고개를 들고 말했습니다.

"좋은 방법이 있어. 나도 오줌이 마려운데 참고 있었거든. 우리 저기 있는 태양을 가져와서 가운데 놓고 둘레에 이 팽이들을 두자. 태양이 끌어당기는 힘과 팽이가 태양 둘레를 도는 힘이 같아지면 가만 내버려둬도 저절로 돌아갈 거 아냐? 그때 각자 볼일을 보고 오면 되지."

신들은 모두 박수를 치며 환영했습니다. 곧바로 태양을 가져와 가운데 놓고 팽이들을 적당한 위치에 두어 태양 둘레를 돌게 했습니다. 기울어져 좌우로 흔들리며 돌고 있는 채로 말이에요. 그리고 신들은 화장실을 간다며 각자 자기 집으로 돌아갔습니다. 하지만 그것은 핑계였을 뿐, 그들은 돌아오지 않았어요. 왜냐하면 그 지겨운 시합을 결코 또 하고 싶지 않았거든요.

정말 행성들이 태양 둘레를 이처럼 적당한 위치에서 돌고 있는 것은 신의 조화라고밖에 할 수 없지 않을까요? 조금만 위치를 잘못 잡았더라도 지구는 지금처럼 태양 둘레를 돌 수 없습니다. 그러면 우리 같은 인간도 이 세상에 있을 수 없었겠지요.

아무튼 더운 여름과 추운 겨울이 있는 것은 지구가 비스듬히 기울어져 태양 둘레를 돌고 있기 때문입니다. 잘 알고 있듯이 한바퀴 도는 데는 1년이 걸리지요(공전).

지구가 태양 둘레를 도는 길을 공전 궤도라고 합니다. 공전 궤도는 어떤 모양일까요? 독일의 과학자 케플러(1571~1630)가 나오기 전까지 사람들은 공전 궤도가 원이라고 생각했습니다. 케

플러는 스승이 남긴 관측 자료를 바탕으로 30년 동안 연구한 끝에 행성들의 공전 궤도는 원이 아니라 타원이라는 것을 밝혀 냈습니다.

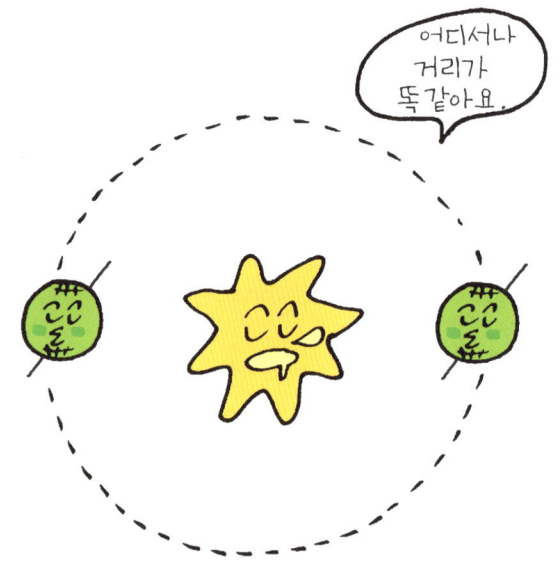

원은 중심에 원점이 하나 있지요? 그러나 타원은 원의 원점과 같은 것이 두 개 있습니다. 이것을 초점이라고 합니다. 태양이, 이 두 초점 중 하나에 있습니다.

원점에서는 원 둘레까지의 거리가 모두 똑같지만 초점에서는 타원 둘레까지의 거리가 언제나 똑같지 않습니다. 거리가 다르면 태양에서 오는 빛을 받는 양도 다르겠지요? 그렇다면 태양과 가장 가까운 거리에 있을 때 태양 에너지를 가장 많이 받을 테니까 더운 여름일 테고 태양에서 가장 멀면 겨울이겠군요?

그런데 놀랍게도 사실은 그 반대입니다. 태양에 가장 가까울 때가 겨울이고 가장 멀 때가 여름입니다. 어떻게 된 것일까요?

공전 궤도가 쓸고 가는 면을 하나의 거대한 평면으로 생각해 보세요. 그 평면의 가장자리에서 지구는 자신의 축을 중심으로 하루에 한 바퀴 돌면서(자전) 가장자리 전체를 일 년에 한 바퀴 돕니다.

그런데 지구는 팽이가 꼿꼿하게 똑바로 서서 돌 때와는 다르게 힘이 떨어져 비틀비틀 기울어져 돌 때처럼 돕니다. 이걸 보고 자전축이 기울어졌다고 합니다(비틀비틀 흔들리는 것을 세차 운동이라고 해요). 공전 궤도를 이루는 평면에 직각인 각에서 약 23.5도 기울어져 있지요.

그래서 태양에서 가장 가까운 위치일 때 비록 태양에 가깝기는 하지만 반대편으로 기울어져 있기 때문에 태양빛을 덜 받아 춥고, 여름에는 태양에서 멀기는 하지만 태양 쪽으로 기울어져 있기 때문에 태양 에너지를 많이 받아 더운 것입니다. 이제 공전 궤도에 따른 여름과 겨울을 이해할 수 있겠지요?

여름은 태양에서 멀리 떨어져 있지만 태양 쪽으로 기울어져 있어서 덥고, 겨울은 태양과 가깝지만 태양 반대쪽으로 기울어져 있어서 춥다. 이는 북반구의 경우이고, 남반구는 그 반대이다.

만약 지구가 공전 궤도에 직각으로 똑바로 서 있다면 어떻게 될까요? 일년 내내 날씨가 비슷하지 않을까요? 햇빛은 적도(위도 0도) 위에서 곧장 내리쬐고 양쪽 극으로 갈수록 점점 비스듬히 쏟아집니다. 그만큼 빛을 덜 받는 거지요. 그래서 위도가 높아질수록 점점 추워지겠지만 일년 내내 같은 날씨가 계속될 것입니다.

이밖에도 지구는 여러 가지 미세한 변화를 일으키면서 태양 둘레를 돌고 있습니다. 지구는 태양뿐만 아니라 달, 그리고 태양계의 여러 행성들과 서로 힘(인력)을 주고받고 있습니다. 지구에 미치는 이 모든 힘들과 균형을 이루기 위해서 끊임없이 미세한 변화를 되풀이하면서 움직이고 있는 것입니다.

만약 이런 힘들 가운데 어느 하나가 조금 달라지면 처음에는 그것과 균형을 맞추려고 지구도 움직임이 달라집니다. 예를 들면 일 년보다 더 짧게 태양을 한 바퀴 돈다든가, 하루가 지금보다 더 길어진다든가 하는 거지요. 그렇게 해서 안정을 되찾으면 지구는 다시 균형을 유지하겠지요. 그러나 만약 지구가 안정을 되찾을 수 있는 능력보다 더 큰 변화가 생기면 지구는 궤도를 벗어나 영원히 태양계를 떠날 수도 있습니다.

공전 궤도가 타원이라는 것과 자전축이 기울어졌다는 것 외에 몇 가지 미세한 움직임이 사실은 지구의 날씨에 커다란 영향을 미치고 있습니다.

 지구를 둘러싼 공기의 거대한 흐름

사람들이 배를 타고 바다에 나가기 시작한 때가 언제부터였는지는 정확하게 모릅니다. 그러나 몇만 년 전에 인류의 조상이 처음으로 오스트레일리아 땅을 밟았을 때도 배를 이용했다는 이야기가 있는 것을 보면 아주 먼 옛날부터 인간은 배를 탔던 것 같아요.

옛날 사람들은 오늘날처럼 동력을 가진 배가 아니라 순전히 바람을 이용하는 돛단배를 타고 먼 바다로 나갔습니다. 어떤 때는 적당한 바람이 불어 순풍에 돛을 단 듯 바다 위를 미끄러져 가기도 했지만, 또 어떤 날은 바람이 한 점 불지 않아 몇 날 며칠을 한 곳에 머무를 수밖에 없기도 했지요. 바람이 없어 꼼짝달싹할 수 없었던 곳은 적도 지역이나 위도 30도 근처였습니다. 사람들은 구름 하나 없는 맑은 하늘에서 쏟아지는 뜨거운 햇빛과 숨도 쉬기 어려운 무더위로 아주 괴로웠을 거예요.

오늘날에도 위도 30도 근처의 바람이 없는 곳을 '말의 위도(horse latitude)'라고 합니다. 이것은 마실 물과 먹을 음식이 없어, 데리고 있던 말을 잡아먹거나 바다에 던져 버렸다고 해서 붙은 이름입니다.

어떤 날은 거센 폭풍과 집채만 한 파도를 만나 배가 부서지고 사람들이 빠져 죽기도 했습니다. 이렇게 오랜 세월 바다와 싸운

끝에 사람들은 바다에 부는 바람이 일정한 성질이 있다는 것을 알게 되었습니다.

어느 지역에서는 늘 같은 방향으로 바람이 불고, 또 어느 지역은 비가 많이 오고 폭풍이 자주 몰아친다는 것들을 알게 되었어요. 아메리카 대륙을 발견한 콜럼버스(1451~1506)가 대서양을 건널 때도 언제나 일정하게 부는 북동풍을 이용해 쉽게 서인도제도에 도착할 수 있었습니다. 오늘날 이 바람을 '무역풍'이라고 합니다.

18세기가 되어서야 과학자들은 지구 전체를 가로지르는 거대한 공기의 흐름이 있다는 것을 조금씩 알게 되었습니다. 무역풍도 그런 거대한 공기의 흐름 가운데 하나이지요. 공기의 거대한 흐름, 그게 대체 뭘까요?

앞에서 지구가 한쪽으로 기울어져 위도에 따라 태양빛을 받는 양이 다르기 때문에 더운 곳과 추운 곳이 생긴다고 했습니다. 그런데 가만 생각해 보면 조금 이상한 점이 있습니다. 지구는 수십억 년 동안 햇빛을 받아 왔습니다. 그렇다면 벌써 오래 전에 적도 지방은 무진장 뜨거워지고, 극지방은 엄청나게 추워지지 않았을까요? 지구는 지금쯤 우리 같은 생물들은 살 수도 없는 황량한 땅이 됐을 것도 같은데.

하지만 다행스럽게 지구는 아직까지 수많은 생물이 살아가는 아름다운 별로 남아 있습니다. 어떻게 된 일일까요? 앞에서 태양에서 오는 에너지와 지구에서 나가는 에너지가 언제나 일정하다고 했습니다. 문제의 열쇠는 여기에 있습니다.

가운데가 칸막이로 막힌 그릇이 있다고 합시다. 이 그릇의 왼쪽 칸에는 따뜻한 물을 오른쪽 칸에는 차가운 물을 넣고 칸막이를 빼면 어떻게 될까요? 처음에는 차가운 물이 아래로 내려가고 따뜻한 물이 위로 올라가서 층을 이루지만, 곧 두 물은 서로 섞여 미지근한 물이 됩니다.

만약 그릇이 바깥과 열을 주고받지 못한다면 그릇 안의 온도가 일정하게 될 때까지 열은 따뜻한(높은) 곳에서 차가운(낮은) 곳으로 흘러갑니다. 온도가 일정하게 유지되는 것을 평형(어느 한쪽으로 기울어지지 않고 안정되어 있는 상태)이라고 합니다.

앞에서 수증기의 포화 상태를 이야기 할 때도 이런 비슷한 말을 했습니다. 수면에서 바깥으로 튀어나가는 물분자와 공기 중에서 수면으로 뛰어드는 물분자가 같아지면 수증기는 포화 상태라고 했지요? 자연은 외부(바깥)에서 강제로 어떤 힘을 주지 않는 한 언제나 평형 상태가 되려고 합니다. 태양에서 온 에너지와 지구에서 나가는 에너지가 늘 일정한 것도 평형을 유지하려는 성질 때문이지요.

자, 이제 앞에서 말한 그릇을 지구로 보고 열이 어떻게 평형을 이루는지 알아봅시다. 햇빛을 많이 받는 적도 지방은 따뜻한 물이고, 적게 받는 극지방은 차가운 물이라고 할 수 있겠지요? 그러면 당연히 적도 지방과 극지방 사이에 열이 섞이려고 하지 않을까요? 그렇다면 어떻게 섞일까요?

태양 에너지를 많이 받은 열대 지방(적도에 가까운 지역)은 따뜻하게 데워집니다. 바다에서 증발한 수증기를 잔뜩 품은 따뜻한 공기는 앞에서 이야기한 것처럼 위로 올라갈 것입니다. 따뜻한 공기는 밀도가 낮고 가벼워서 위로 올라간다고 했지요?

위로 올라가는 공기는 어디까지 올라갈까요? 앞에서 대류권과 대류권계면, 그리고 성층권에 대한 얘기를 했지요? 성층권은 천장 같은 구실을 해 공기가 대류권계면에서 더 이상 올라가지 못합니다. 그래서 공기는 남북 방향으로 흘러갑니다.

날씨가 맑은 날 공장 굴뚝에서 나온 연기가 하늘로 계속 올라가지 못하고 가로로 퍼져 가는 것을 본 적 있나요? 이것은 연기

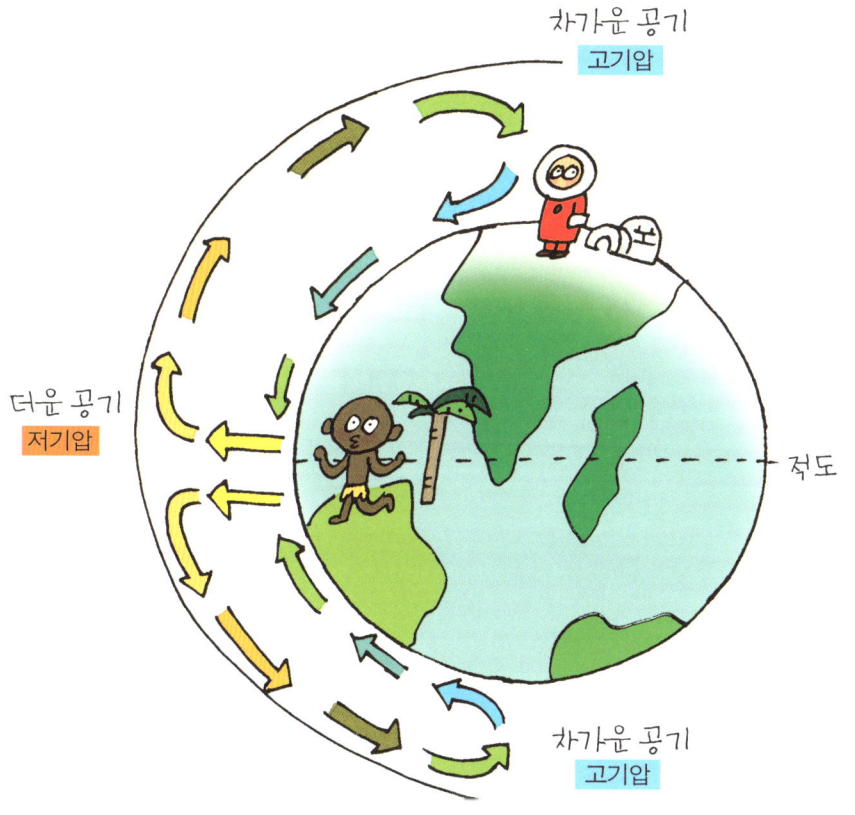

가 옆으로 퍼지는 높이 위에 역전층이 생겨서 연기가 더 이상 올라가지 못하고 옆으로 퍼지는 것입니다. 열대 지방에서 올라간 공기는 역전층에 걸려 옆으로 퍼지는 연기처럼 성층권에 걸려 남북 위도 방향으로 퍼져 갑니다.

한편, 극지방(위도가 높은 지역)의 차가운 공기는 점점 땅으로 밀려내려와 그 지역을 고기압으로 만듭니다. 차고 무거운 공기는 땅에서 더 이상 밑으로 내려갈 수 없기 때문에 대류권계면에서 적도 지방의 공기가 옆으로 퍼지듯이 땅바닥에서 옆으로 퍼져 나갑니다.

열대 지방에서 따뜻한 공기가 위로 올라가고 남은 빈 자리에 북쪽의 차가운 공기가 흘러내려옵니다. 이렇게 해서 공기의 거대한 흐름이 일어나는 것입니다. 이것을 '대기 대순환' 이라고 합니다.

그런데 오른쪽 그림을 보니 지금 말한 것과 조금 다르지요? 조금 전에 말한 것은 대기 대순환이 일어나는 원리이고 실제 공기는 그림처럼 크게 세 덩어리(세포라고 해요. 남반구에서도 똑같지요)로 순환합니다.

적도에서 극지방으로 올라간 공기는 위도 30도쯤에 이르면 둘레의 공간이 점점 좁아지고 기온은 떨어지기 때문에 압축되어 밀도가 높아집니다. 둘레보다 밀도가 높은 공기는 아래로 내려가잖아요(하강 기류)? 하강 기류가 일어나는 곳은 고기압 지역이 되고 날씨는 맑습니다. 이곳이 바로 '말의 위도' 지역으로 건조하고 맑은 날씨가 계속되기 때문에 세계의 사막이 대부분

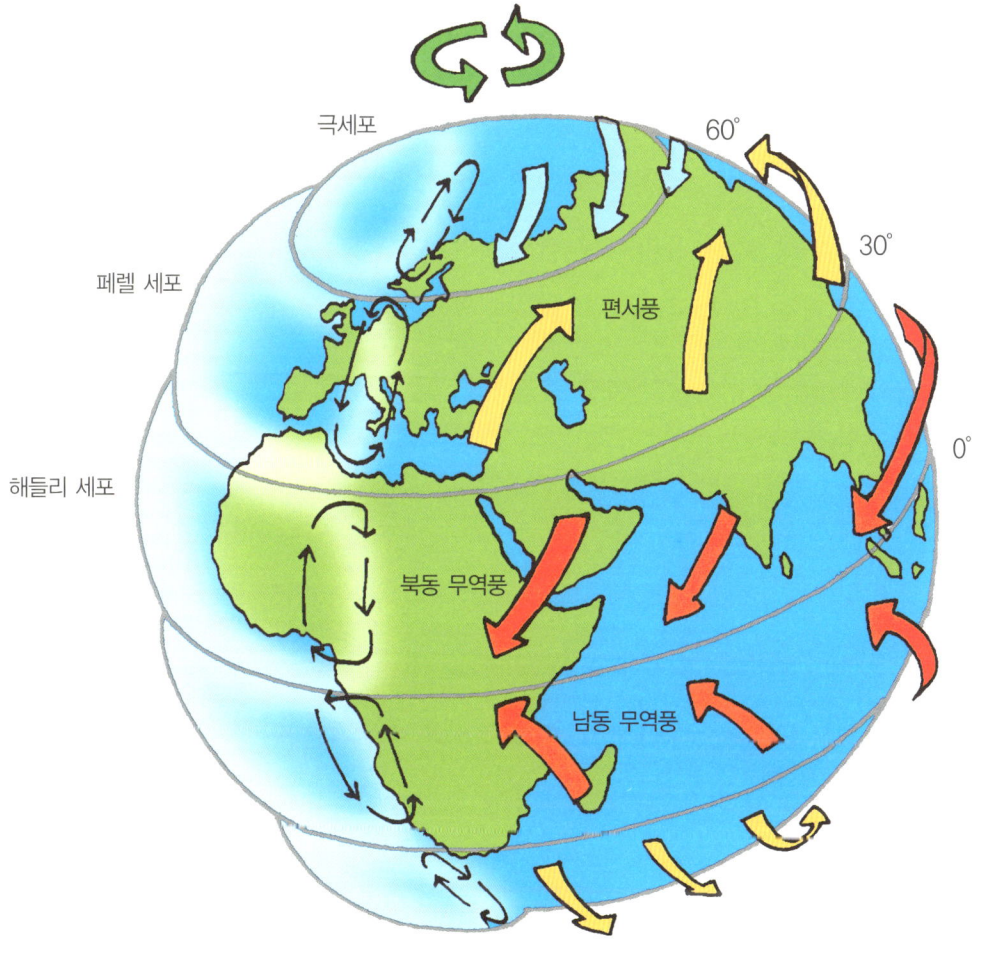

태양복사에너지가 지표면에 닿는 정도가 다른 까닭에 지구상에는 여러 개의 고기압과 저기압 지역이 생기고 대기 대순환이 일어나게 된다. 이런 대기 대순환 때문에 지표면 근처에는 위도에 따라 특정한 방향으로 바람이 분다는 사실이 1920년대에 이르러 밝혀졌다. 적도에서 극지방으로 움직이는 공기의 이동은 위도 30도와 60도를 기준으로 세 가지 세포로 나누어진다.

이 지역에 모여 있어요.

지상으로 내려온 공기는 남북 방향으로 퍼져 갑니다. 남쪽으로 내려가는 공기가 바로 무역풍입니다. 북쪽으로 올라가는 공기는 위도 60도 근처에서 더 북쪽에서 내려오는 차가운 공기와 만나 하늘 위로 올라갑니다(상승 기류). 서로 마주 보고 부딪치면 아래로 꺼질 수 없기 때문에 위로 올라갈 수밖에 없겠지요? 이 상승 기류는 강한 폭풍을 일으켜 그 지역의 날씨를 자주 험하게 만들곤 합니다.

어쨌든 하늘 높이 올라간 공기는 대류권계면에서 다시 남북 방향으로 퍼집니다. 남쪽으로 내려온 공기는 위도 30도에서 적도에서 올라온 공기와 만나 아래로 내려가고 북쪽으로 올라간 공기도 아주 차가워져서 역시 아래로 내려갑니다. 극지방에서 지상으로 내려간 공기는 차가운 고기압이 되어 남쪽으로 내려갑니다.

이렇게 지구는 차가운 지역과 뜨거운 지역의 열을 서로 섞기 위해 앞의 그림처럼 거대한 세 가지 흐름을 이루는 것입니다(발견한 분의 이름을 따서 해들리 세포, 페렐 세포, 그리고 극 세포라고 해요).

자, 다시 한번 그림을 보세요. 한 가지 이상한 점이 있지 않나요? 세 가지 순환을 나타내는 화살표 모양이 하나같이 휘어져 있지요? 잘못 그린 걸까요? 아닙니다. 제대로 그린 그림입니다. 다음 장에서 그 까닭을 알아봅시다.

없지만 있는 힘, 코리올리 효과

둥근 판을 놓고 가운데서 가장자리 쪽으로 선을 그어 보세요. 당연히 직선이 그어지겠지요? 그런데 이번에는 원판을 왼쪽에서 오른쪽으로 돌리면서 선으로 그어 보세요. 선이 왼쪽으로(원판의 중심에서 보면 오른쪽) 휘어지지요? 마치 차가 휘어진 곡선을 달릴 때 한쪽으로 쏠리는 것처럼 무엇이 끌어당기는 것 같은 힘을 받으면서 휘어집니다.

왜 그럴까요? 원판의 중심과 가장자리의 도는 속도(회전 속도)가 다르기 때문입니다. 사실 중심에는 회전 속도가 없습니다. 중심에서 가장자리 쪽으로 갈수록 속도는 빨라집니다. 그래서 똑바로 직선을 긋는다고 했지만 실제로는 직선이었을 때의 위치보다 뒤쪽으로 휘어지게 됩니다.

 지구본을 뱅그르르 돌리면서 위에서 아래로 선을 그어 보아도 똑같은 일이 벌어집니다. 그렇다면 실제 지구에서도 그렇게 될까요? 네, 그렇습니다. 우리가 살고 있는 거대한 지구에서도 똑같은 일이 벌어집니다. 이것을 발견한 분의 이름을 따서 '코리올리 효과'라고 합니다. 이때 생기는 힘을 '코리올리 힘' 또는 '전향력'이라고 하는데, 단지 회전하기 때문에 생기는 가상적인 힘입니다.

 지구는 자전축을 중심으로 하루에 한 바퀴 돕니다. 지구 위에 사는 우리는 지구가 돈다는 것을 느끼지 못하지만 실제로 엄청나게 빨리 돕니다. 그런데 지구는 크고 거대한 구(공)이기 때문에 도는 속도가 어디서나 똑같은 건 아닙니다.

 자전축 근처인 북극과 남극은 도는 속도가 아주 느립니다. 여기서 적도 쪽으로 내려올수록 속도는 빨라집니다. 물론 적도에서 가장 빨리 돌아요. 적도에서 회전 속도는 시속 약 1700킬로미터이고, 위도 60도 근처에서는 시속 약 850킬로미터입니다. 위도에 따라 회전 속도가 매우 다르다는 것을 알 수 있지요.

 자, 여기서 우리의 장난꾸러기 신 반고를 다시 불러 볼까요?

북극에서 반고가 적도 가까이에 있는 아프리카를 내려다보니 코끼리가 낮잠을 자고 있었습니다. 마침 배가 고팠던 반고는 커다란 돌멩이를 들어 코끼리에게 던졌습니다. 돌팔매질 하나는 어디에 내놔도 지지 않는 반고였습니다. 그런데 정확하게 겨누어 던졌는데도 돌멩이는 코끼리가 있는 곳보다 한참 뒤쪽(서쪽)에 떨어졌습니다. 몇 번을 던져도 똑같은 자리에 떨어졌습니다. 쿵! 소리에 잠을 깬 코끼리는 다른 곳으로 가 버렸습니다. 그날 반고는 하루 종일 쫄쫄 굶었습니다.

어느 날 반고가 이번에는 뜨거운 아프리카에서 어슬렁거리고 있었습니다. 무슨 재미있는 일이 없을까 하고 북쪽을 쳐다보던 반고는 하얀 북극곰이 얼음 위에서 물고기를 잡아먹고 있는 것을 보았습니다.

더운 열대 지방 음식이 싫증났던 반고는 옳다구나 하고 북극곰을 잡아먹기로 했습니다. 반고는 킬리만자로 산에서 커다란

바위를 들어 북극곰에게 던졌습니다. 하늘 높이 날아간 바위는 북극곰보다 한참 앞쪽(동쪽)에 떨어졌습니다. 바위는 쩍! 소리

를 내며 얼음을 깨고는 물 속으로 빠졌습니다. 얼음 깨지는 소리에 깜짝 놀란 북극곰이 먹던 물고기를 들고 다른 곳으로 달아나 버렸습니다. 그날도 반고는 입맛을 다시며 하루 종일 굶었습니다.

회전 속도가 느린 북극에서 던진 돌멩이는 점점 회전 속도가 빨라지는 적도 쪽으로 날아오면서 오른쪽으로 둥그렇게 휘어집니다. 반대로 적도에서 북극으로 돌멩이를 던지면, 처음에는 빠른 회전 속도에서 날아가지만 나중에는 회전 속도가 늦어지기 때문에 역시 오른쪽으로 둥그렇게 휘어집니다.

이제 앞의 그림에서 왜 바람의 방향이 휘어져 있는지 이해할 수 있겠지요? 적도에서 위로 올라간 공기가 북쪽으로 흐를 때나, 위도 30도에서 북쪽으로 흐르는 공기는 코리올리 효과 때문에 똑바로 위쪽으로 가지 못하고 동쪽으로 휘어지게 됩니다. 이것을 '편서풍' 이라고 합니다. 바람이 서쪽에서 동쪽으로 분다는 말입니다.

이것이 우리나라 날씨가 언제나 중국이나 그 위쪽에서 생겨 우리나라를 거쳐 동쪽으로 빠져 나가는 까닭입니다. 텔레비전에서 일기 예보를 할 때 구름 사진을 자세히 보세요. 언제나 구

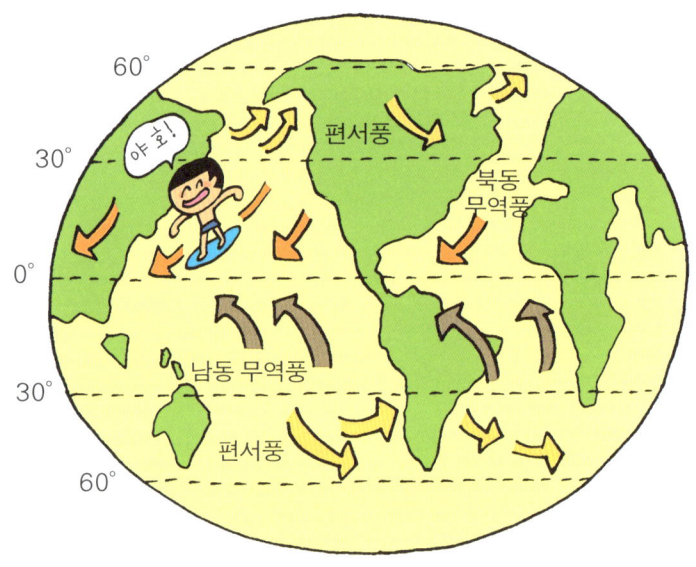

름은 서쪽에서 동쪽으로 흘러갑니다. 바로 편서풍 때문이지요.

위도 30도에서 적도를 향해 내려오는 바람도 코리올리 효과 때문에 똑바로 내려오지 못하고 서쪽으로 휘어져서 불게 됩니다. 이것을 무역풍(북반구에서는 북동풍)이라고 했지요? 옛날 서양 사람들이 배를 타고 무역을 할 때 이 바람을 이용해 항해를 해서 생긴 이름입니다.

남반구에도 북반구와 똑같이 코리올리 효과가 생깁니다. 다만 남반구 사람들 처지에서 보면 방향이 왼쪽인 것만 다를 뿐입니다(남동 무역풍). 그런데 위도 30도에서 생기는 바람은 남반구에서도 편서풍입니다. 왜 그런지 한번 생각해 보세요.

코리올리 효과가 얼마나 중요한 현상인지 잘 이해했나요? 뒤에 다시 이야기하겠지만 태풍의 모양이 둥그런 것도 바로 코리올리 효과 때문입니다. 태풍도 일종의 저기압인데, 저기압에서는 바람이 불어 들어옵니다. 이때 코리올리 힘이 작용해 오른쪽으로 휘어지게 되고 그것이 강력하면 회오리바람처럼 뱅글뱅글 돌게 되는 것입니다. 마찬가지로 고기압에서는 불어 나가는 바람도 휘어집니다.

자연은 이처럼 신비롭습니다. 지구가 자전하지 않았으면 코리올리 효과는 없었을 테고, 편서풍이나 태풍 같은 우리나라 날씨에 크게 영향을 주는 현상도 생기지 않았을 겁니다.

봄철에 우리나라 하늘을 누렇게 물들이는 황사도 중국의 사막에서 생겨 편서풍을 타고 날아온 것입니다. 그리고 보면 요즘 중국이 눈부시게 성장하고 있습니다. 몇십 년 뒤에는 세계 제1위의 경제 대국이 된다고도 합니다. 하지만 중국이 발전할수록 거기에서 나오는 오염 물질이 고스란히 우리나라로 날아오게 되지요. 지금도 이 문제 때문에 중국과 협상을 하고 있습니다.

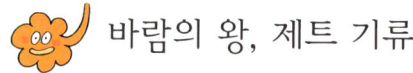 **바람의 왕, 제트 기류**

대기 대순환에서 해들리 세포와 페렐 세포를 다시 보세요. 위도 30도에서 만나지요? 남쪽에서 올라간 따뜻한 공기와 북쪽에서 내려오는 차가운 공기가 위도 30도 근처의 높은 하늘에서 마치 두 거인이 한판 싸움이라도 벌일 듯 맞부딪치게 됩니다.

찬 공기와 따뜻한 공기가 만나면 아주 큰 기압 차가 생깁니다. 기압 차이가 곧 바람이지요? 그래서 높이 8킬로미터에서 11킬로미터 사이에서는 시속 200킬로미터가 넘는 엄청나게 빠른 서풍(편서풍)이 붑니다. 이것을 '제트 기류'라고 합니다. 제트 기류는 북쪽의 찬 공기가 강력하면 남쪽으로 밀리고 남쪽의 따뜻한 공기가 강하면 북쪽으로 밀려 마치 커다란 뱀이 꿈틀거리는 것처럼 거대한 파동을 이루면서 지구 전체를 감싸고 붑니다.

제트 기류는 제2차 세계 대전 때 처음 발견되었습니다. 미국과 일본이 한창 전쟁을 벌일 때 폭탄을 실은 미국 비행기가 높은 하늘을 날다가 생각지도 못한 빠른 바람 때문에 목표 지점을 지나치는 일이 여러 번 생겼습니다. 나중에야 이 바람이 제트 기류라는 것을 알게 되었지요.

우리나라에서 미국으로 가는 비행기가 이 제트 기류를 이용하면 되돌아올 때보다 무려 1시간 반이나 빨리 갈 수 있습니다. 제트 기류를 거슬러 올 때는 시간뿐만 아니라 맞바람을 맞아야 하기 때문에 연료도 훨씬 많이 든답니다.

사실 제트 기류는 그것을 이용하는 정도에 그치는 가벼운 바람이 아닙니다. 그 아래에 있는 지상의 날씨에 크게 영향을 미치고 있습니다. 그래서 날씨를 예측할 때 제트 기류는 꼭 알아야 하는 중요한 자료입니다. 우리가 알지 못하는 높은 하늘의 공기가 우리 둘레의 온갖 날씨를 바꾸고 있는 것입니다.

해마다 찾아오는 바람, 계절풍

앞에서도 말했지만 물은 천천히 데워지고 천천히 식는 성질이 있습니다. 반대로 흙과 바위로 이루어진 땅은 빨리 데워지고 빨리 식습니다. 이것도 바람을 만드는 중요한 원인이랍니다.

바닷가를 경계로 하루 동안 바다와 육지 사이에 어떤 바람이 부는지 앞에서도 얘기했지만 다시 한 번 따져 봅시다. 낮 동안의 뜨거운 햇살은 육지를 빠르게 데웁니다. 바닷물은 계속 열을 품을 뿐 빠르게 달아오르지 않습니다.

육지 위의 공기는 따뜻하게 데워져 하늘로 올라갑니다. 육지보다는 상대적으로 차가운 바다 공기가 비어 있는 육지로 흘러가겠지요? 그래서 낮에는 바다에서 육지로 바람이 붑니다. 이것을 '해풍'이라고 합니다.

저녁이 되면 육지는 빠르게 식습니다. 하지만 바다는 낮에 품은 열을 쉽게 내놓지 않기 때문에 따뜻합니다. 그러므로 바다가 육지보다 더 따뜻하기 때문에 바다 위의 공기가 위로 올라갑니다. 그러면 육지에 있던 식은 공기가 바다로 흘러가겠지요? 이것을 '육풍'이라고 합니다. 그렇다면 하룻 동안 일어나는 해풍

과 육풍처럼 여름과 겨울이라는 긴 시간 동안 대륙과 바다 사이에 생기는 바람은 없을까요?

겨울이 끝나고 봄이 오면 육지는 천천히 데워집니다. 그러나 4월, 5월까지는 높은 하늘에서 강한 편서풍(제트 기류)이 흐르고 있기 때문에 육지의 상승 기류를 억누르고 있습니다.

6월이 되면 높은 하늘의 편서풍도 약해질뿐만 아니라 육지도 충분히 달구어져 공기가 하늘 높이 올라갑니다. 이 빈 자리에 남쪽에 있던 서늘한 바닷바람이 불어 옵니다. 육지는 벌써 뜨겁게 달았지만 바다는 아직 덜 데워진 거지요. 바다에서 불어 오는 바람은 서늘하지만 수증기를 많이 품고 있습니다. 이 공기는 오랫동안 넓은 지역에 머무르면서 구름을 만들고 많은 비를 뿌립니다. 이것이 바로 '계절풍' 입니다.

계절풍(몬순)은 인도에서 나온 말입니다. 인도는 해마다 6월에서 9월까지 남서쪽에서 불어 온 바닷바람이 대륙의 높은 산을 타고 오르면서 엄청나게 많은 비를 뿌립니다. 산에서 모인 빗물은 인도 동쪽 지역으로 흐르면서 그 지역을 물바다로 만듭니다. 그래서 해마다 방글라데시는 홍수 때문에 많은 사람이 죽고 재산 피해를 크게 입고 있지요.

성질이 비슷하고 넓은 지역에 걸쳐 오랫동안 머무는 공기 덩어리를 '기단' 이라고 합니다. 이런 공기 덩어리 때문에 계절풍이 생깁니다. 우리나라도 6월이 되면 북태평양 지역에 따뜻하고 수증기가 많은 기단이 만들어져 북쪽의 찬 기단과 만나 한 달 가까이 계속 비가 옵니다. 이것을 우리는 '장마' 라고 합니다.

겨울이 되면 바다는 아직 따뜻한 열을 품고 있지만 시베리아를 비롯한 아시아의 넓은 대륙은 아주 차가워집니다. 높은 하늘의 공기 흐름을 이끌고 있는 제트 기류는 위도 30도까지 내려옵니다. 이것이 북쪽의 건조하고 찬 공기를 남쪽으로 밀어내리기 때문에 아주 차갑고 강력한 바람이 불게 됩니다. 시베리아 고기압이라고 들어 보았지요? 이것이 바로 겨울에 부는 계절풍이에요.

지구는 둥그런 공 모양으로 곳에 따라 태양 에너지를 다르게 받습니다. 열이 남아도는 곳이 있는가 하면 부족해서 아주 추운 곳도 있지요. 이것은 지구를 둘러싼 공기들을 불안정하게 만듭니다. 공기는 지구 전체에 골고루 에너지를 섞기 위해 남과 북, 동과 서로 끊임없이 움직입니다. 이것이 바람이지요.

바람이 없었다면 지구는 참으로 쓸쓸하고 쓸모 없는 땅이 되었을 것입니다. 바람이 있어서 비와 눈 따위 모든 날씨 변화가 생기고 그것 때문에 풀과 나무를 비롯한 온갖 생물들이 풍성하게 자라 지구는 늘 아름다운 별로 있게 된 것이 아닐까요?

여기서 잠깐!

바람은 하늘 높이 불 때는 장애물이 없기 때문에 기압의 차이와 코리올리 힘에 따라 일정하게 붑니다. 그러나 지표면에서는 산이나

들, 도시의 건물, 그 밖의 땅 위의 여러 가지 모양에 의해 아주 복잡하게 붑니다. 앞에서 이야기한 해풍, 육풍도 그 한 가지지만 산골짜기를 따라 부는 산곡풍도 있습니다.

또한 따뜻하고 수증기를 많이 품은 바람이 산을 타고 오르면 단열팽창으로 구름이 만들어지고 비를 뿌립니다. 그리고 산을 넘어서는 건조하고 따뜻한 바람이 불어내립니다. 이것을 높새바람(푄 현상)이라고 합니다. 우리나라 동해안에서 자주 일어나지요. 서쪽에서 불어온 공기가 태백산맥을 넘으면서 비나 눈을 뿌리고 동해안으로 불어갑니다. 이 밖에도 동해안은 따뜻한 바닷바람 때문에 겨울에도 서쪽 지방보다 덜 춥습니다.

그리고 울릉도나 독도에서 눈이 많이 오는 까닭은 시베리아 고기압이 동해안에서 따뜻한 공기를 만나기 때문입니다.

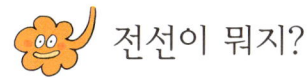 전선이 뭐지?

성질이 비슷한 공기 덩어리를 기단이라고 했지요? 그렇다면 찬 기단과 따뜻한 기단이 만나면 어떻게 될까요?

이것도 찬 물과 따뜻한 물을 섞을 때와 비슷합니다. 만나자마자 서로 섞여 버리는 것이 아니라 찬 기단은 무거워서 아래로 내려가고 따뜻한 기단은 가벼워서 찬 기단 위로 올라갑니다. 이때 두 기단의 경계를 '전선면'이라 하고 전선면이 지표면이나 바다 표면과 만나는 선을 '전선'이라고 합니다.

우리의 신, 반고가 저기 나타났네요. 어? 그런데 이번에는 혼자가 아니군요. 세상에서 가장 힘센 장사 헤라클레스가 뒤따라오고 있습니다. 힘 세기로는 반고도 만만치 않으니 둘 다 가만있지 않을 것 같습니다. 누가 더 센지 겨루려고 하겠는데요.

아니나다를까 헤라클레스가 반고를 쫓아가며 소리치네요.

"야, 반고! 네가 동양에서 가장 센 녀석이야? 난 서양에서 최고다. 어디 한번 겨뤄 보자."

반고가 슬슬 달아나면서 약을 올립니다.

"세상에 어리석은 녀석이 힘자랑하는 거야. 가서 엄마 젖이나 더 먹고 와."

헤라클레스가 머리끝까지 화가 나 황소처럼 달려듭니다. 반고가 잠깐 방심한 사이에 헤라클레스가 반고의 엉덩이를 치면서 위로 밀어 올립니다. 반고가 위로 올라가면서 반격을 합니다. 한동안 두 신이 엉겨붙어 치고받습니다. 그러자 천둥이 울리고 번개가 칩니다.

그때 땅에서 인간들이 일을 하고 있었는데, 갑자기 하늘이 어두워지면서 시커먼 먹구름이 몰려오더니 천둥 번개가 치고 비가 쏟아져 내렸어요. 한 인간이 하늘을 올려다보고 말했습니다.

"신이 노했군. 벌건 대낮에 날벼락이 치고 말이야."

찬 기단이 따뜻한 기단 쪽으로 움직이다가 따뜻한 기단의 밑을 파고들어 생기는 전선을 '한랭 전선'이라고 합니다. 찬 기단이 따뜻한 기단을 강제로 밀어 올리기 때문에 공기는 몹시 불안정해집니다. 그래서 커다란 적란운이 생기고 강한 바람과 함께 소나기가 쏟아집니다. 봄에 가끔 천둥과 돌풍이 몰려오면서 강한 비와 우박이 쏟아지고 얼마 지나지 않아 날씨가 맑게 갤 때가 있습니다. 바로 한랭 전선이 지나가고 있는 중이지요. 한랭 전선이 지나가면 찬 기단이 덮치기 때문에 기온이 내려갑니다.

처음에는 헤라클레스가 나은 것 같더니 조금씩 밀리기 시작합니다. 반고가 침착하게 공격을 합니다. 원래 동양은 은근과 끈기를 자랑으로 여기지요? 마침내 헤라클레스가 도망을 가고 반고가 뒤를 쫓습니다.

반고는 절대 서둘지 않고 천천히 따라붙어 헤라클레스의 등에 올라탑니다. 헤라클레스는 허둥지둥 달아나느라 누가 등에 올라탔는지도 모른 채 내빼기 바쁠 뿐입니다.

찬 기단을 쫓아 따뜻한 기단이 그 위로 올라가서 생기는 전선을 '온난 전선'이라고 합니다. 따뜻한 공기는 자연스럽게 찬 공기 위로 올라갈 수 있으므로 전선의 기울기가 완만하고 오래도

　록 비가 내립니다. 대개 온난 전선이 다가올 때는 높은 구름이 생기고 그 구름이 점점 먹구름으로 바뀌어 비가 내립니다. 그래서 고층운이나 권층운이 다가오면 곧 비가 내릴 것을 짐작할 수 있습니다.

　찬 기단과 따뜻한 기단이 서로 힘이 비슷해 오랫동안 머물러 있는 것을 '정체 전선'이라고 합니다. 대표적으로 우리나라 여름에 장마를 몰고 오는 장마 전선이 바로 정체 전선이에요. 이 밖에도 온난 전선과 한랭 전선이 겹쳐져 복잡한 전선을 만드는 것을 '폐색 전선'이라고 합니다.

> 여기서 잠깐!

천둥과 번개는 어떻게 생길까?

한 여름에 갑자기 시커먼 먹구름이 몰려오더니 천둥 번개가 치고 소나기가 쏟아질 때가 있습니다. 그리고 언제 그랬냐 싶게 비가 그치고 무더위를 식히는 시원한 바람이 불어요. 이렇게 천둥 번개와 함께 소나기가 쏟아지는 것을 '뇌우'라고 합니다. 뇌우는 어떻게 생기는 걸까요?

둘레보다 따뜻하고 수증기가 많은 공기는 위로 올라갑니다. 이때 아래에서 계속 따뜻한 열이 들어오면 공기는 더욱 빨리 위로 올라가지요. 1~2킬로미터 이상 올라간 공기는 차가워지면서 커다란 구름(적란운)이 됩니다. 공기가 차가워질 때는 열을 내보낸다고 했지요? 이 열이 둘레를 데워서 공기는 더욱 위로 올라갑니다.

하늘 높이 자란 거대한 구름은 위에서는 얼음덩어리를 만들어 아래로 떨어뜨리고, 밑에서는 따뜻한 공기가 위로 올라와 물방울과 얼음덩어리가 올라갔다 내려갔다 하면서 서로 섞입니다. 이때 우박이 만들어진다고 했어요. 물론 우박이 떨어질 때도 있지만 천둥 번개가 치면서 억수 같은 소나기가 쏟아지지도 합니다. 그러면 천둥 번개는 어떻게 해서 생길까요?

   빗방울이 만들어지고 있는 구름 속은 마구 휘저은 물 속처럼 혼란스럽습니다. 사방에서 서로 부딪치는 물방울과 얼음덩어리는 작은 조각으로 부서지면서 전기적인 성질을 띠게 됩니다.

   전기는 언제나 (+)전기와 (−)전기가 있습니다. (+)전기를 띤 조각들은 구름의 윗부분으로 모이고 (−)전기를 띤 조각들은 아랫부분으로 모입니다. 지구도 전기를 띠고 있습니다. 구름 아랫부분이 (−)전기를 띠면 그 아래에 있는 지표면은 (+)전기가 됩니다.

   (+)전기와 (−)전기가 아주 가까워지면 전선이 없는데도 전기가 흐릅니다. 이것을 '방전'이라고 합니다. 구름 아랫부분과 지표면도 전기가 강해지면 방전이 됩니다(공기는 원래 전기가 흐르지 않아요. 그래서 전류가 세지 않으면 쉽게 방전이 일어나지 않습니다). 이것이

'번개'입니다. 물론 구름 속에서도 전기가 흘러 번개가 칩니다. 특별히 땅으로 떨어지는 번개를 '낙뢰'라고 합니다.

　번개가 칠 때는 순간적으로 온도가 3만 도까지 올라갑니다. 그러면 둘레에 있는 공기들이 갑자기 데워지겠지요? 순간적으로 데워진 공기는 급격하게 팽창하면서 그 둘레에 있는 공기에 압력을 줍니다. 이때 공기가 진동하면서 나는 소리가 '천둥'입니다.

　한 가지 더, 번개친 뒤에 천둥 소리가 나는 까닭은 빛이 소리보다 훨씬 빠르기 때문이지요.

5 무시무시한 자연의 힘, 태풍

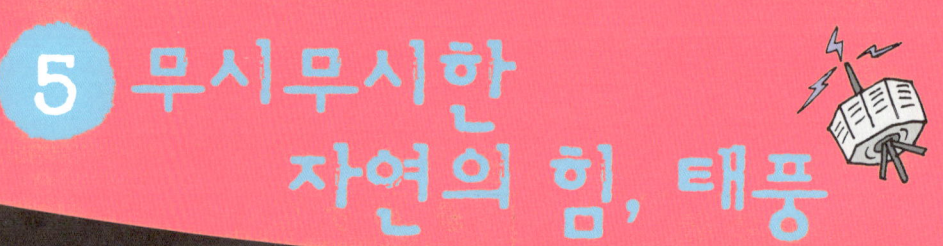

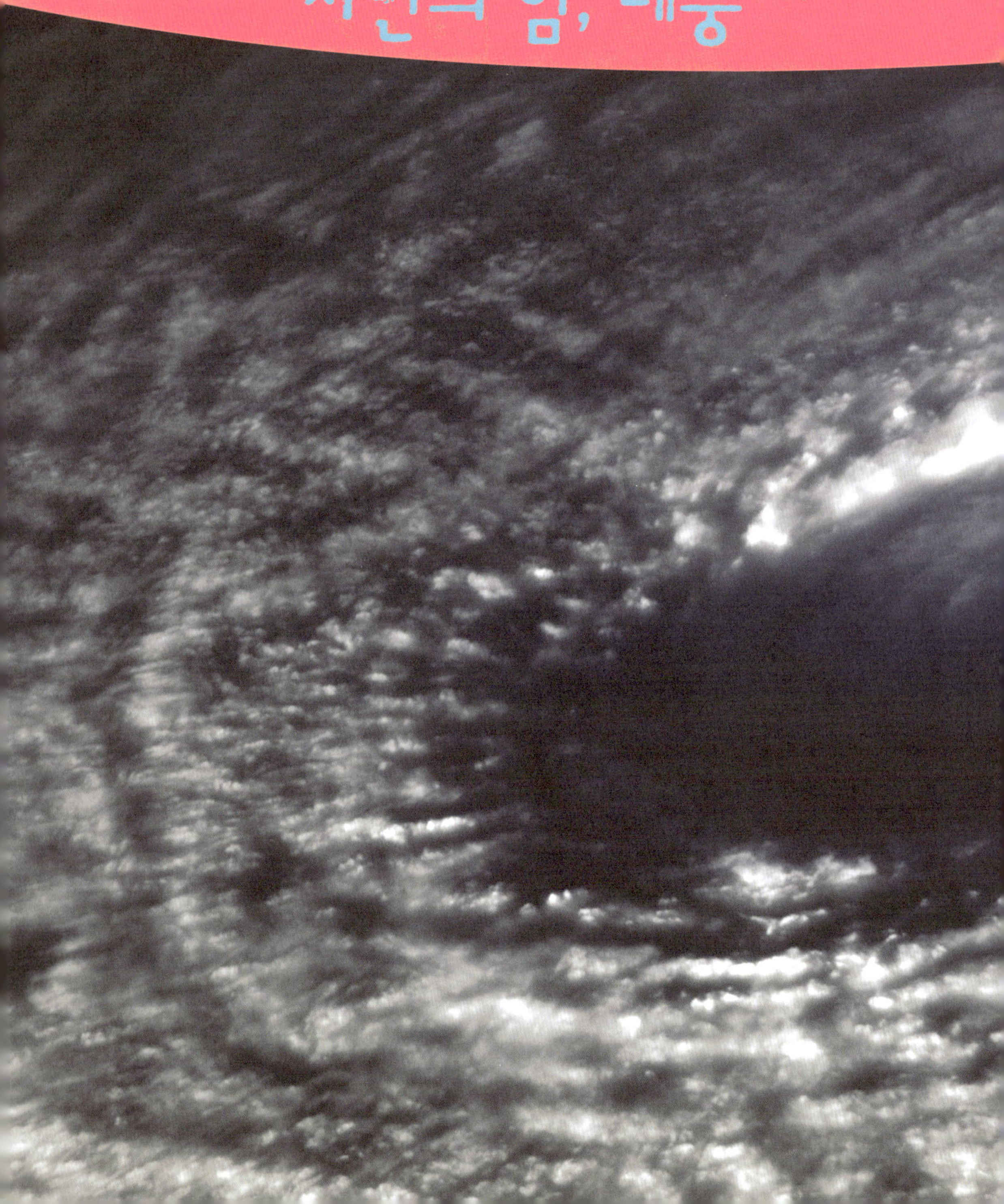

- 태풍은 어디에서 올까?
- 폭풍 속의 고요, 태풍의 눈
- 태풍은 왜 우리나라로 올라올까?

태풍은 어디에서 올까?

해마다 여름이 되면 사람들은 바다와 산으로 여행을 떠날 생각으로 들뜹니다. 그러나 기상청에서 일하는 사람들은 태풍(미국은 허리케인, 인도는 사이클론, 호주는 윌리윌리라고 해요) 때문에 마음을 졸입니다. 우리의 이웃 나라인 일본은 태풍은 말할 것도 없고 지진이나 화산 같은 무서운 자연 현상 때문에 늘 두려움 속에서 살고 있어요. 그러나 우리나라는 참으로 다행스럽게도 태풍 정도가 가장 무서운 자연 현상입니다.

태풍은 시속 120킬로미터가 넘는 강한 바람과 함께 많은 비를 몰고 와서 여름 햇빛에 무럭무럭 자라던 곡식을 순식간에 망가뜨립니다. 그리고 사람들이 큰물에 휩쓸려 죽는가 하면 집과 길이 무너지고 산사태가 나며 엄청난 피해를 입히기도 하지요.

도대체 이런 태풍은 왜 생기는 걸까요? 사실 태풍이 생기는 정확한 원인은 아직 잘 모르고 있습니다. 게다가 태풍이 어떤 방향으로 다가올지도 잘 몰라요. 태풍이 나아가는 길만 정확하게 알아도 많은 피해를 줄일 수 있을 텐데 말이에요.

요즘은 위성 사진이 발달해서 우리는 텔레비전으로 태풍의 거대한 모습을 한눈으로 볼 수 있습니다. 하얀 구름덩어리가 나선 모양으로 휘감겨 들어가고 가운데는 까만 점이 있는, 겉보기에는 참 아름다운 모습이지요.

태풍은 위도 5도에서 25도 사이에서만 생깁니다. 그리고 바닷물의 온도가 깊이 70미터까지 최소한 26도에서 27도는 되어야 합니다. 이것은 무엇을 말할까요? 강력한 에너지를 공급받지 못하면 보통의 저기압이 거대한 태풍으로 발달할 수 없다는 뜻입니다. 실제로 태풍은 히로시마에 떨어진 원자폭탄의 수만 배보

태풍 속 바람의 속도는 시속 320킬로미터에 이르지만, 육지에 오르면 더 이상 수증기를 얻을 수 없어서 점점 약해진다.

다 더 큰 에너지를 가지고 있습니다. 자연의 힘이 얼마나 무서운지 짐작할 수 있겠지요?

위도 5도 근처는 북동 무역풍과 남동 무역풍이 만나는 곳(열대 수렴대)으로, 언제나 따뜻하고 습도(공기가 수증기를 포함하고 있는 정도)가 높습니다. 게다가 양쪽 위도에서 바람이 불어오기 때문에 따뜻하고 습한 공기는 쉽게 위로 올라갑니다.

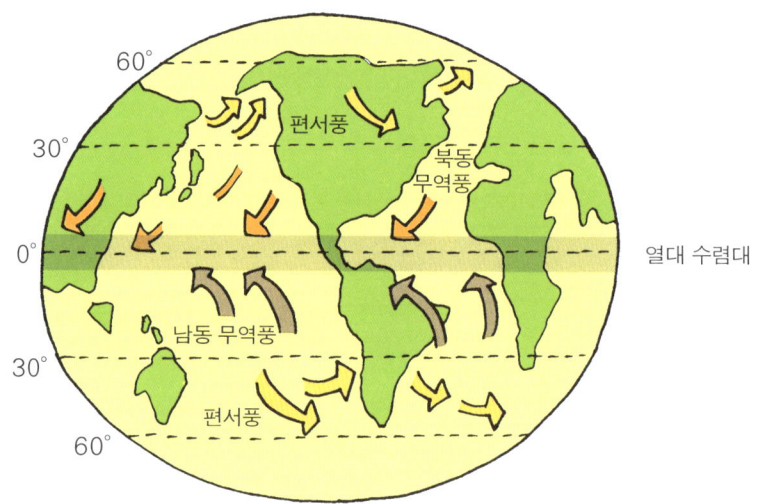

열대 수렴대 - 북동무역풍과 남동무역풍이 만나 적도 근처의 공기가 상승하는 지역이다. 이러한 상승기류 때문에 구름이 많이 끼고 자주 뇌우를 동반한 폭우가 내리기도 한다.

위로 올라간 공기가 단열 팽창을 해서 응결하면 구름이 만들어지고 둘레에 에너지를 내보낸다고 했지요? 내보낸 에너지는 둘레의 공기를 따뜻하게 하므로 공기는 더욱 위로 올라갈 수 있습니다.

이것은 뇌우가 만들어지는 경우와 별반 다르지 않은데, 어떻게 해서 태풍처럼 커질 수 있을까요? 사실은 아직 잘 모르고 있습니다. 다만 과학자들은 열이 풍부한 열대 수렴대에서는 작은 요란(온도나 습도, 바람, 기압 따위가 불안정해서 생기는 변화)으로도 거대한 에너지가 뭉칠 수 있다고 짐작하고 있어요.

계속 위로 올라간 공기는 많은 구름을 만들어 결국 뇌우(적란운)로 발전합니다. 비어 있는 바닥에는 둘레에서 따뜻하고 수증기를 많이 품은 공기가 계속 불어 들어옵니다. 이 공기는 상승하는 공기에게 풍부한 에너지를 대 줍니다. 이 단계가 열대성 저기압입니다. 열대 지방에서 흔히 일어나는 저기압이지요.

여기서 태풍으로 발달하려면 위로 올라간 공기가 높은 하늘에서 일정하게 부는 바람에 의해 잘 빠져 나가야 합니다. 밑에서는 뜨겁게 달구어진 공기가 위로 솟구치려고 하는데, 위에서 꽉 막고 있거나 사방에서 바람이 불어와 흩뜨려 버린다면 더 이상 커질 수 없겠지요? 그런데 위에서 일정한 바람이 불어 위로 올라온 공기를 한쪽으로 쓸어 준다면 숨통이 트여서 공기 흐름

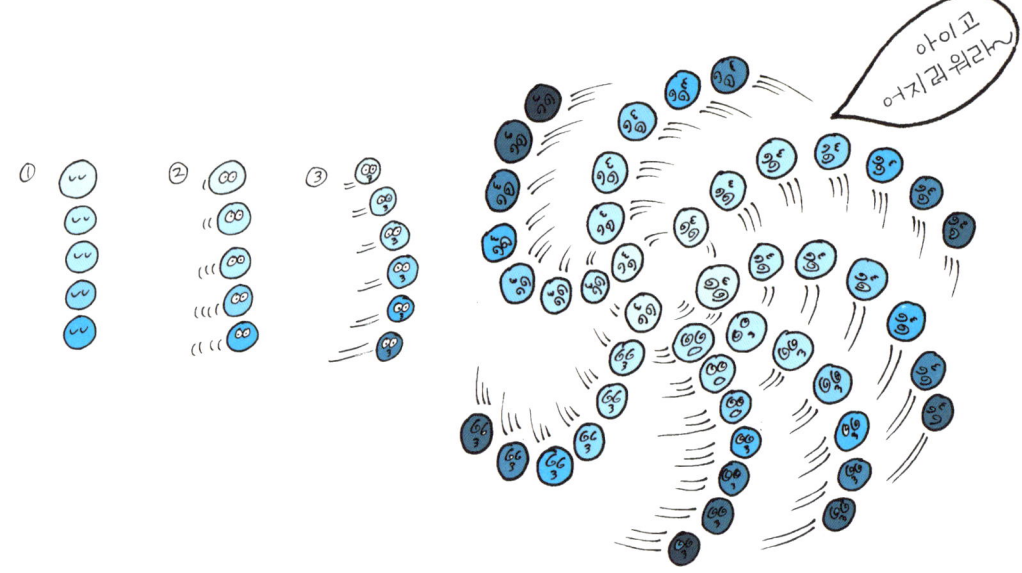

이 한결 원활해지겠지요?

거대하게 자란 이 공기 덩어리는 이제 어떻게 될까요? 증기기관차가 하얀 연기를 뿜으며 서서히 출발하는 모습을 상상해 보세요. 공기 덩어리가 어떤 힘을 받아 천천히 움직이기 시작합니다. 어떤 힘이지요? 바로 지구 자전으로 생기는 코리올리 힘입니다.

저기압 속으로 불어 들어오는 바람은 코리올리 효과 때문에 오른쪽(남반구는 왼쪽)으로 휘어지면서 시계 반대 방향으로 돕니다. 공기 덩어리 전체는 서서히 북쪽으로 올라갑니다. 위도가 높고 풍부한 에너지가 계속 공급되면 공기는 더욱 빠르게 회전하면서 강력한 태풍으로 성장합니다.

폭풍 속의 고요, 태풍의 눈

태풍 사진을 보면 가운데 까만 점이 있습니다. 그리스 신화에 나오는 외눈박이 거인 키클롭스의 눈처럼 보이지 않나요? 그래서인지 이것을 '태풍의 눈'이라고 합니다.

키클롭스는 사람을 잡아먹는 무서운 괴물이었습니다. 그리스의 영웅 오디세우스가 트로이 전쟁에서 승리하고 집으로 돌아가던 중 한 섬에서 이 괴물을 만납니다. 키클롭스가 자신의 부하를 잡아먹자 오디세우스는 꾀를 내어 키클롭스에게 술을 먹입니다. 그리고 잠이 든 키클롭스의 눈을 불에 달군 막대기로 찔러 죽입니다.

태풍은 키클롭스처럼 사납고 거칠지만 태풍의 눈은 신기하게도 구름 한 점 없이 맑고 고요합니다. 왜 그럴까요?

보통 크기의 태풍은 너비가 약 550킬로미터이며 태풍의 눈은 지름이 30~50킬로미터쯤 됩니다. 태풍은 중심으로 들어갈수록 기압이 떨어지고 불어 들어오는 바람의 회전 속도도 점점 빨라집니다. 기압이 떨어진다는 것은 바깥에서 안으로 바람이 분다는 말이에요. 바람은 고기압에서 저기압으로 부니까요. 또 회전한다는 것은 안에서 바깥으로 나가려는 힘이 있다는 말입니다. 회전하는 물체에서 바깥으로 나가려는 힘을 '원심력'이라고 합니다. 놀이공원에서 회전목마를 타 본 사람은 원심력이 뭔지 쉽게 이해할 수 있습니다.

그러니까 태풍의 중심으로 다가갈수록 바깥에서 안으로 부는 바람은 안에서 바깥으로 나가려는 힘과 맞서게 됩니다. 결국 두 힘이 같아지는 곳 근처에서 공기는 가장 빠르게 회전하며 상승합니다. 이곳에 마치 높다란 담벼락과 같은 구름 벽이 생기는데 이것을 태풍의 눈벽(eye wall)이라고 합니다.

이 눈벽 안쪽에서는 원심력이 아주 강해지기 때문에 더 이상 기압 차이로 인한 바람은 생기지 않습니다. 태풍의 눈벽은 적란운으로 빽빽이 들어차서 강한 바람과 함께 세찬 비가 쏟아집니다. 강력한 상승 기류가 높이 15킬로미터까지 올라가면 공기는 가지고 있던 수증기와 열을 거의 잃어버리고 차갑게 식어 사방

으로 퍼져 나갑니다. 그 중에 일부분이 태풍의 눈으로 들어와 내려갑니다. 그래서 태풍의 눈은 하강 기류가 생기면서 날씨가 맑고 따뜻하게 되는 것입니다.

 비행기를 몰고 태풍 속으로 들어간 어떤 조종사의 말에 따르면 천둥 번개와 세찬 비, 그리고 강력한 바람 때문에 비행기를 전혀 조종할 수 없었다고 합니다. 결국 조종을 포기하고 운명에 맡기고 있는데, 갑자기 사방이 조용해지더니 놀랍게도 파란 하늘이 보이더랍니다. 그는 정말 운 좋게도 태풍의 눈에 들어간 거예요. 조종사는 그곳에서 자신처럼 갇힌 새들을 보았답니다. 새들도 태풍의 눈이라는 '자연의 새장'에 갇혀 태풍이 사라질 때까지 기다리고 있었던 거지요.

태풍은 왜 우리나라로 올라올까?

해마다 7월과 9월 사이에 수십 개의 태풍이 생깁니다. 그 중에서 몇 개가 우리나라로 올라옵니다. 나라 전체에 비상이 걸리고 대비하느라 애를 쓰지만 언제나 많은 피해를 입곤 하지요. 태풍이 우리나라로 올라오는 까닭은 무엇일까요?

장마 전선과 한여름의 무더위를 가져오는 북태평양 고기압(기단)이 일본 남쪽에 있을 때 여름 태풍은 북태평양 고기압의 가장자리를 따라 올라옵니다. 가을에는 시베리아 고기압(기단)이 중국 대륙에 자리잡으면서 태풍은 북태평양 고기압과 시베리아 고기압 사이를 마치 강물처럼 흘러들어옵니다. 결국 이 두 고기압의 위치와 세기에 따라 태풍의 길이 중국으로 빠질 것인가 우리나라로 올라올 것인가, 아니면 일본으로 빠질 것인가가 결정됩니다.

태풍은 위도 30도 근처까지는 천천히 올라옵니다. 그러다가 어느 순간 방향을 틀면서 아주 빠르게 동쪽으로 움직입니다. 왜 그럴까요? 바로 위도 30도 근처에서 불고 있던 편서풍에 실려 이동하기 때문입니다.

태풍은 육지에서 지표면의 마찰을 받거나 열대 수렴대처럼 계속 큰 에너지를 공급받지 못하면 회전하는 힘이 뚝 떨어지면서 힘을 잃습니다. 그리고 많은 비를 뿌리는 열대성 저기압으로 바뀌었다가 마침내 완전히 사라집니다.

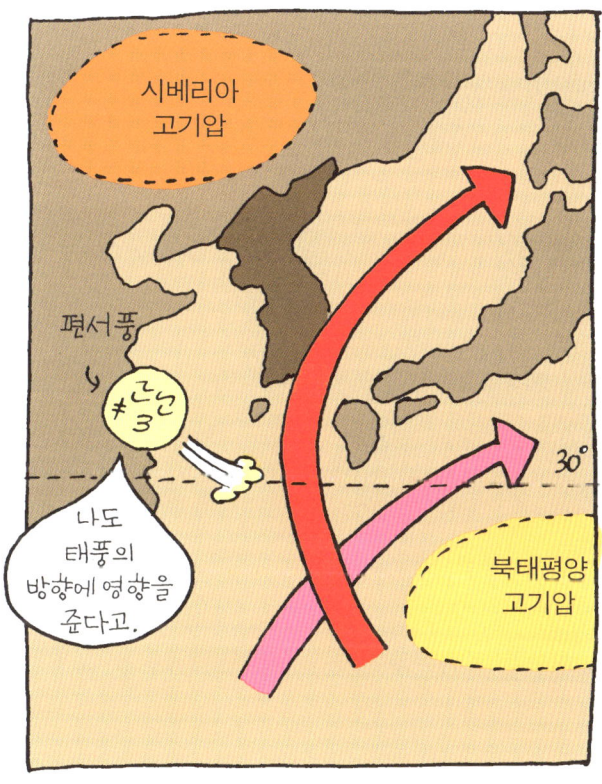

공기 속 수증기의 복잡한 움직임 때문에 태풍이 어디로 갈지는 정확하게 예측할 수 없다.

> 여기서 잠깐!

일기 예보는 어떻게 하나?

텔레비전 뉴스 시간 끝에는 언제나 다음 날과 며칠 뒤의 날씨에 대한 일기 예보가 나옵니다. 일기 예보는 가끔 틀릴 때도 있어 대충 듣고 넘어가기도 하지만 만약 갑자기 내일부터 일기 예보를 하지 않는다면 생활에 몹시 불편함을 느낄 것입니다.

내일 우산을 들고 가야 하나 말아야 하나 하는 가벼운 고민에서부터, 기업들이 내년에 아이스크림을 얼마나 만들지 결정하기도 어렵겠지요. 이처럼 일기 예보는 우리 생활 곳곳에 깊숙이 들어와 있습니다. 그런 일기 예보는 어떻게 하는 걸까요?

나라마다 날씨에 대한 정보를 다루는 관청(기상청)이 있고, 나라 곳곳에 날씨를 관측하는 관측소가 있습니다. 관측소는 육지뿐만 아니라 바다와 높은 하늘에도 있습니다. 바다와 하늘에는 사람이 살 수 없기 때문에 날씨를 자동으로 관측하는 기계들을 띄워서 합니다. 또 배와 비행기에서도 자신들이 있는 곳의 날씨 정보를 보내 줍니다. 요즘은 인공위성과 레이더가 발달해서 아주 자세하고 질 좋은 자료를 얻을 수 있습니다.

이 모든 관측 자료들은 그것을 관리하는 나라에 모였다가 세계 여

러 나라로 갑니다. 서로 자료를 교환하는 거지요. 왜냐하면 날씨는 자기 나라의 자료만으로는 알 수 없기 때문입니다.

관측 자료가 모이면 기상청에서는 그것으로 컴퓨터 프로그램을 돌립니다. 옛날에는 관측 자료를 하나하나 일기도(여러 가지 기호를 써서 날씨 상태를 그려 놓은 종이)에 표시하고 그렸지만 오늘날은 이 모든 것을 컴퓨터로 합니다.

기상청에서는 수십 년 동안 과학자들이 연구한 날씨를 분석하고

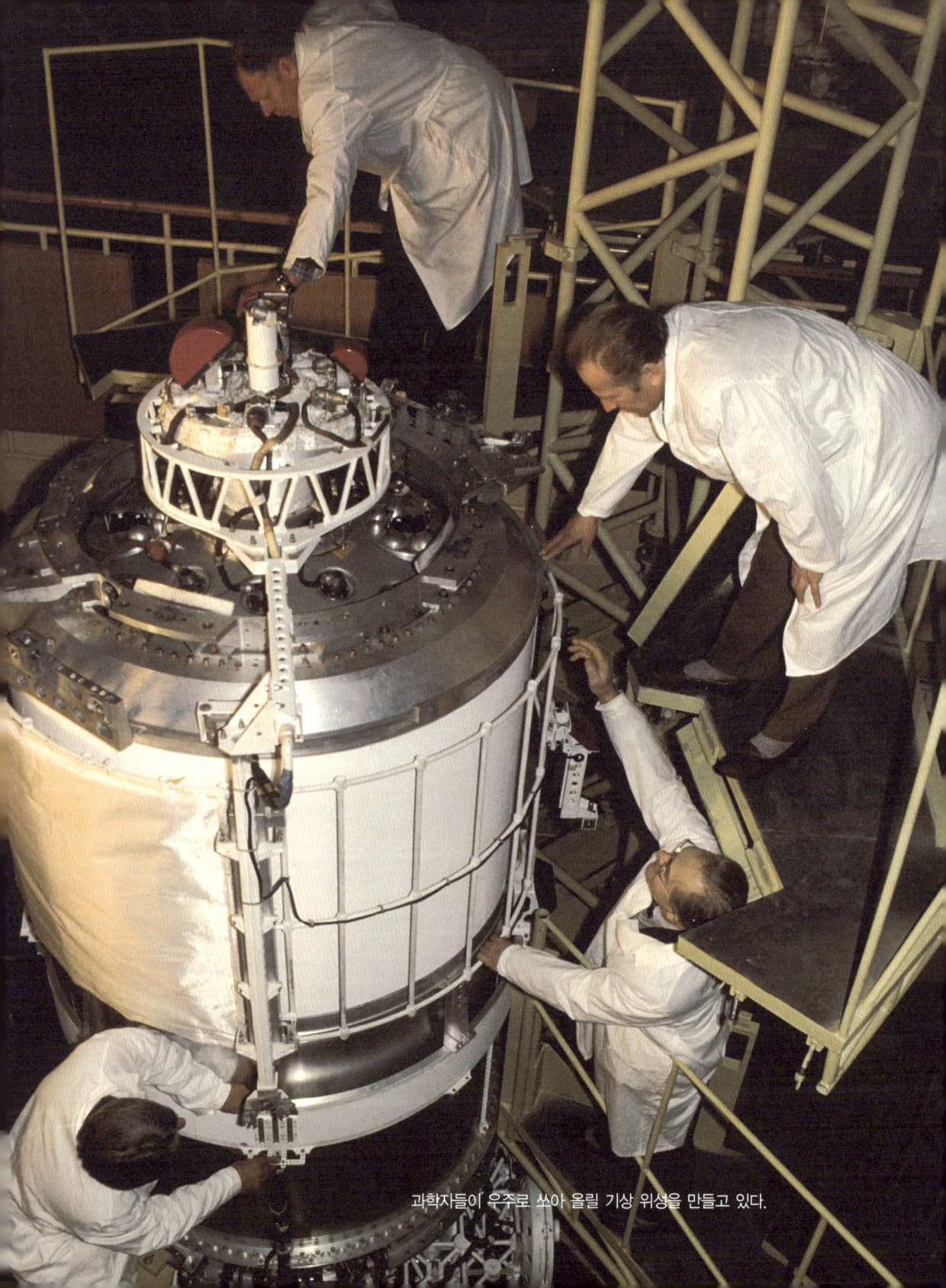

과학자들이 우주로 쏘아 올릴 기상 위성을 만들고 있다.

예측하는 컴퓨터 프로그램이 있습니다. 이 프로그램으로 내일과 모레, 며칠 뒤의 날씨를 예보합니다. 컴퓨터는 분석 자료가 엄청나게 크고 날씨 변화를 다루는 물리학과 수학이 복잡하게 얽혀 있는 프로그램을 돌려야 하기 때문에 아주 빠르고 용량이 큽니다.

그러나 컴퓨터가 계산한 결과를 그대로 예보 자료로 쓰지는 않습니다. 아직까지 날씨는 어느 누구도 정확하게 예측할 수 없습니다. 그만큼 날씨는 변화가 심해 최첨단 과학으로도 정확하게 알 수 없는 거지요.

수십 년 동안 하늘을 보고 오직 날씨만 연구한, 경험이 풍부한 전문 예보관들이 모여 컴퓨터가 계산한 결과를 참고해서 내일의 날씨를 예측합니다. 이 예측 자료를 각 방송국에 보내면 마침내 뉴스 시간에 일기 예보가 나오는 것입니다.

6 따뜻해지는 지구, 추워지는 날씨

- 지진이 날씨를 바꾼다?
- 옛날에도 따뜻한 때가 있었다?
- 공전 궤도가 날씨를 바꾼다고?
- 태양도 변한다
- 바다는 날씨의 오른팔
- 아기예수의 분노
- 미래의 날씨

지진이 날씨를 바꾼다?

  2004년 12월 26일, 태국의 한 아름다운 섬에서 평화롭게 물놀이를 하고 있던 사람들의 머리 위로 갑자기 엄청난 해일이 덮쳤습니다. 사람들은 손쓸 새도 없이 거대한 파도에 휩쓸리고 무너진 집 더미에 깔렸습니다. 살려 달라고 소리치는 사람들에게 어느 누구도 도움의 손길을 뻗칠 수 없었습니다. 단지 어마어마한 자연의 힘에 두려워하고 놀라워할 뿐이었습니다.

  인도네시아 수마트라 섬 근처에서 일어난 지진이 이 해일의 원인이었습니다. 바다 밑에서 땅이 갈라지며 솟아오른 엄청난 에너지가 바닷물을 사방으로 밀어 냈던 것입니다. 이 물은 가까운 인도네시아와 태국을 덮치고 멀리 인도와 스리랑카까지 밀려가 그곳 바닷가를 쑥대밭으로 만들었습니다. 수십만 명이 순식간에 목숨을 잃었어요. 해일은 인도양을 지나 멀리 아프리카의 소말리아까지 갔다고 합니다. 무려 5천 킬로미터를 움직인 것입니다. 자연의 힘이 얼마나 대단한지 상상하기 어렵지요?

  날씨 때문에 지진이 일어나는 것은 아니지만 지진 때문에 날씨가 바뀔 수는 있습니다. 지구를 이루고 있는 땅(지각)은 몇 개

2004년 12월 26일, 인도네시아 해안에서 발생한 지진 해일(쓰나미)로 온 마을이 폐허로 변했다.

의 거대한 조각으로 이루어져 있습니다. 이 땅 조각 아래에는 맨틀이라고 하는 움직이는 고체가 있는데, 맨틀의 움직임에 따라 땅 조각도 끊임없이 움직이고 있습니다.

지금으로부터 2억 년 전에는 대륙이 하나로 되어 있었습니다. 이것을 판게아(초대륙)라고 하는데 적도를 중심으로 양극 쪽으로 펼쳐져 있었습니다. 그 뒤 판게아는 지각 변동(지구 내부의 원인 때문에 생기는 지각의 변화. 융기, 침강, 습곡, 단층, 화산, 지진 따위)이 일어나 몇 조각으로 갈라졌습니다.

조각판들은 일년에 몇 센티미터씩 움직이며 때로는 서로 부딪쳐 오늘날 히말라야나 알프스, 로키 산맥과 같은 거대한 산맥을 만들었습니다. 지금도 대서양은 넓어지고 지중해는 좁아지고 있으며 인도는 아시아 대륙 밑으로 가라앉고 있습니다. 태평양의 가장자리에 있는 일본도 아시아 대륙과 부딪치기 때문에 지진이나 화산이 자주 일어납니다.

땅과 바다는 열을 받고 내보내는 성질이 다르기 때문에 대륙의 움직임은 날씨를 바꿉니다. 대륙이 고위도로 이동하면 태양 에너지(열)를 적게 받아 추워집니다. 빙하기가 생긴 것도 대륙의 이동 때문이었어요. 만약 대륙이 판게아 때처럼 적도에 모여 있었다면 따뜻한 바닷물에 둘러싸여 얼음은 생길 수도 없었을 거예요.

약 3천만 년 전에 남극 대륙은 남아메리카 대륙과 갈라졌습니다. 이때부터 남극 대륙은 찬 바닷물로 둘러싸여 오늘날 두께 수천 미터가 넘는 얼음 땅으로 변했습니다.

화산 활동도 날씨에 큰 영향을 미칩니다. 화산에서 나온 먼지가 성층권까지 올라가면 오래도록 사라지지 않습니다. 햇빛은 이 먼지에 흡수되어 성층권은 데워지고 대류권이나 땅(지표면)은 차가워집니다.

1883년 인도네시아 자바와 수마트라 사이에 있는 크라카토아 섬에서 거대한 화산 폭발이 있었습니다. 수천 킬로미터 떨어진 곳에서도 이 소리를 들을 수 있을 정도였습니다. 하늘을 뒤덮은 먼지는 몇 달 동안 달을 파랗게 보이도록 만들었고 3년 동안 지구 전체 기온을 떨어뜨렸습니다. 6천5백만 년 전에 공룡이 사라진 것도 여전히 화산 폭발 때문으로 보는 과학자들이 많습니다(외계에서 운석이 떨어졌다는 가설이 유력한 주장이기는 하지요).

자연의 힘은 위대합니다. 자연을 거스를 수 있는 건 아무것도 없습니다. 바람 앞에 흔들리는 촛불처럼 인간도 거대한 자연의 힘 앞에서는 겸손해질 수밖에 없습니다.

하지만 과학과 기술을 발달시키고 엄청난 지구의 자원을 거침없이 써 온 인간은 지구를 정복하고 자연을 마음대로 다룰 수 있다고 생각했습니다. 하룻강아지 범 무서운 줄 모르는 오만에 빠졌던 거지요.

화산활동도 날씨에 큰 영향을 미친다. 화산이 뿜어낸 먼지가 성층권까지 올라가면 오래도록 사라지지 않는다. 이 먼지들이 햇빛을 흡수하면 성층권은 데워지고 지표면은 차가워진다.

최근 세계 곳곳의 날씨가 이상합니다. 갑자기 40도가 넘는 불볕더위가 찾아오는가 하면 또 어떤 곳에는 엄청난 추위가 들이닥쳐 많은 사람이 죽기도 했습니다. 남극과 북극의 얼음이 아주 빠른 속도로 녹고 있어 몇십 년 뒤에는 땅이 낮은 바닷가나 섬들이 지구에서 사라질 것이라 합니다.

과학자들은 이 모든 재난의 원인을 지구 온난화로 돌리고 있습니다. 과연 지구가 따뜻해지기 때문에 이와 같은 일들이 벌어지는 것일까요?

옛날에도 따뜻한 때가 있었다?

요즘 우리나라 날씨에 대해서 사람들은 봄, 가을이 사라지고 여름, 겨울밖에 없다고 합니다. 5월부터 더워지기 시작해서 9월까지 찜통더위가 계속됩니다. 겨울도 그런대로 따뜻해져서 여름만 지나면 사라졌던 모기가 12월까지 나타나 밤마다 잠자리를 설치게 하지요.

텔레비전에서는 지구가 따뜻해지는 증거라며, 북극 그린란드와 남극 대륙의 거대한 빙하가 녹는 모습을 보여 줍니다. 왜 지구가 따뜻해지는 걸까요? 그리고 따뜻해지는 것이 무슨 문제가 될까요?

1980년대부터 과학자들은 옛날 지구의 날씨를 알아보기 위해 그린란드와 남극의 얼음을 뚫기 시작했습니다.

빙하는 일 년에 몇 센티미터씩 눈이 쌓여 생깁니다. 극지방의 눈은 여름이 돼도 녹지 않고 있다가 겨울에 다시 눈이 내려 그 위에 쌓입니다. 쌓인 눈이 밑으로 갈수록 위에서 누르는 압력이 커져서 눈은 얼음으로 바뀝니다. 오랜 세월 이렇게 쌓인 얼음층이 오늘날 수천 미터나 되는 빙하가 된 것입니다.

눈이 쌓이고 얼음이 생기면서 공기와 먼지가 그 얼음에 갇힙니다. 얼음에 갇힌 공기에는 그 해의 날씨를 알려 주는 중요한 정보가 들어 있습니다.

과학자들은 석유를 캐기 위해 땅을 파들어 갔던 것처럼 얼음층에 구멍을 뚫었습니다. 얼음층은 아래로 내려갈수록 너무 차서 뚫자마자 얼어 버립니다. 그래서 얼지 않는 물질을 계속 부어 주며 구멍을 뚫어야 합니다. 그리고 파낸 얼음층을 오염시키지 않기 위해서는 높은 기술력이 필요합니다.

1988년 1월에 과학자들은 남극 대륙에서 3,623미터까지 파내려 갔습니다. 이것은 42만 년 동안 쌓인 두께였습니다. 이것으로 과학자들은 수십만 년 동안 지구에 추운 날씨와 따뜻한 날씨가 교대로 나타났다는 것을 알았습니다. 그리고 온실 효과를 일으키는 기체가 따뜻한 날씨와 함께 늘어난다는 것을 밝혀 냈습니다. 이것은 적어도 이산화탄소와 메탄가스가 지구를 따뜻하게 하는 기제라는 것을 밝힌 중요한 발견이었지요.

이산화탄소와 메탄이 가장 높았던 기간에 날씨도 가장 더웠지만, 이 둘의 양이 일정 범위를 넘어서지는 않았습니다. 그러니까 두 기체는 일정 범위 안에서 많아졌다 적어졌다 했던 것입니다. 그런데 오늘날 이 기체들의 양은 그 범위를 넘어서고 있습니다.(얼음층에서는 이산화탄소 190~300ppm(백만 분의 1 단위)과, 메탄 350~750ppb(10억 분의 1 단위)을 유지했는데, 오늘날은 이산화탄소 360ppm, 메탄 1천 7백ppb를 유지해요. 메탄은 이산화탄소보다 온실 효과가 25배나 더 큽니다)

1990년 중반에는 북극 그린란드에서 빙하를 뚫기 시작했습니다. 여기서는 남극과 다른 새로운 사실을 발견했습니다. 따뜻한 시기였던 13만 1천 년 전에 기온이 10도 내려가 750년 동안 계속 추웠습니다. 그리고 빙하기가 시작되기 전인 12만 년 전에도 70년 동안 기온이 14도나 떨어졌습니다.

빙하기와 빙하기 사이에 있는 따뜻한 시기(간빙기)에 갑자기 추운 날씨가 나타난 것입니다. 대개 추운 시기와 따뜻한 시기는 수만 년을 주기로 아주 천천히 되풀이됩니다. 그런데 따뜻한 기간 중에도 갑자기 추운 날씨가 몇십 년 또는 몇백 년 동안 나타난다는 것은 아주 새로운 발견이었습니다. 그때까지 과학자들은 날씨는 아주 천천히 변한다고만 생각했거든요. 이런 시기를 보통 '소빙하기'라고 합니다.

가장 최근의 소빙하기였던, 1650-1700년 동안 영국에서는 템스 강이 얼어붙어 아이들이 썰매를 타기도 했습니다. 우리나라도 이 기간 동안에 몹시 추웠다는 기록이 있는 것을 보면 전 세계가 맹추위에 떨었던 것 같습니다.

지금으로부터 약 11만 5천 년 전까지는 아주 따뜻했습니다. 빙하기는 아주 천천히 나타나 십만 년쯤 뒤인 2만 1천 년 전에는 기온이 오늘날보다 5도쯤 낮았습니다. 이때 북극 얼음은 캐나다까지 내려오고 시베리아 북부를 완전히 덮었습니다. 해수면이 현재보다 20미터 정도 낮아져 시베리아와 알레스카 사이가 뭍으로 드러났습니다. 이곳을 인류의 조상들이 걸어서 아메리카 땅으로 갈 수 있었습니다.

그 뒤 날씨는 따뜻해져서 1만 5천 년 전에는 그때까지 온 세계를 옮겨 다니며 사냥을 하던 인간들이 한 곳에 모여 농사를 지으며 살기 시작했습니다. 7~8천 년 전 사하라 사막은 수많은 동물들이 살아가는 넓은 초원이었습니다. 이때가 지구에서 생물들이 살기 가장 좋은 시기였습니다.

최근 백여 년 동안 지구의 온도는 0.6도 쯤 올라갔고 바다의 높이는 10센티미터 높아졌습니다. 이것은 과거에 볼 수 없었던 큰 변화입니다. 과학자들은 앞으로 이산화탄소가 지금보다 배로 많아지면 지구 온도는 2~5도 정도 올라가고 바다는 1미터 정도 높아져서 수많은 섬과 바닷가 마을이 물에 잠길 것이라고 합니다.

이산화탄소의 양이 빠르게 늘어나는 것은 석탄, 석유와 같은 화석 연료를 에너지로 썼기 때문입니다. 영국에서 산업 혁명이 일어난 이래로 지난 수백 년 동안 사람들은 공장을 세우고 자동차를 몰면서 엄청난 오염 물질을 뿜어 냈습니다.

또 1만 년 전에는 세계 인구가 겨우 5백만 명이었는데 지금은 60억 명이 넘습니다. 이 인구가 먹고살려면 끊임없이 땅을 파헤쳐 농사를 짓고 가축들을 키워야 합니다. 그것이 이산화탄소보다 온실 효과를 수십 배 크게 하는 메탄가스(쉽게 말하면 방귀와 같은 성분입니다.)의 양을 늘려 왔습니다.

온도가 올라가면 습도가 높아지기 때문에 공기 중에 수증기

가 많아집니다. 수증기도 온실 효과를 일으키는 중요한 물질입니다. 그래서 지구가 따뜻해지면 하늘에 수증기의 양이 늘어나서 온난화가 더욱 빨리 일어날 수 있습니다. 그러나 과연 지구가 따뜻해지는 까닭이 단지 인간의 활동 때문만일까요?

많은 과학자들은 인간의 활동 외에도 지구의 고유한 특성 때문에 날씨는 바뀔 수 있다고 봅니다. 그것에 대해서 알아봅시다.

공전 궤도가 날씨를 바꾼다고?

지구의 자전축이 23.5도 기울어져 있고 타원 궤도로 돌고 있다는 것은 다 알고 있지요? 그러나 언제나 똑같이 이대로 움직이는 것은 아닙니다.

공전 궤도는 타원에서 원으로 길쭉해졌다 동그래졌다 합니다. 고리 모양의 고무줄을 팽팽하게 당겨 양쪽에 핀으로 고정시키고 고무줄 가운데를 위아래로 당겼다 놓았다 해 보면 공전 궤도가 변하는 모양을 쉽게 떠올려 볼 수 있을 것입니다.

그림처럼 공전 궤도는 여름과 겨울을 잇는 선이 길어지는 것

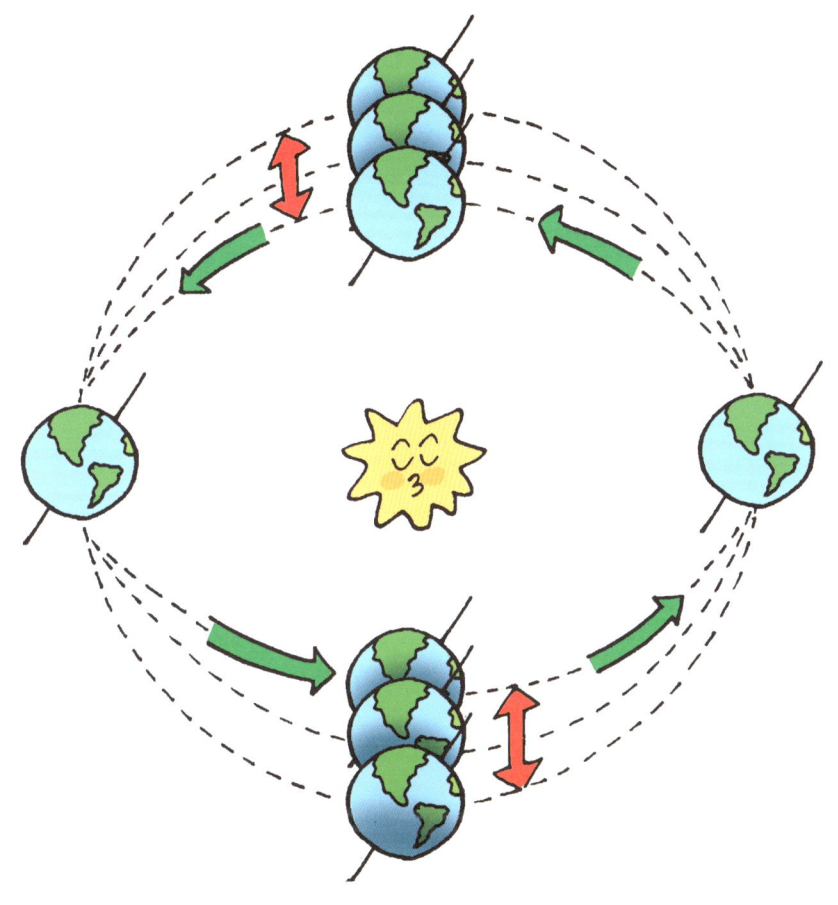

이 아니라 봄과 가을을 잇는 선이 길어졌다 줄어들었다 하는 것입니다. 그래서 타원으로 길쭉해질수록 일 년 동안 받는 태양 에너지 양은 많아지지만 계절 변화는 아주 심해집니다.

공전 궤도가 거의 원이 되었다 다시 원으로 돌아오는 데 걸리는 시간은 약 10만 년이라고 합니다. 앞으로 2만 4천 년 뒤에는 공전 궤도가 거의 원 모양이 됩니다. 앞으로 갈수록 태양 에너지를 받는 양이 줄어든다는 얘기지요.

또한 자전축 기울기 역시 늘 같은 것이 아니라 22도에서 25도 사이를 왔다 갔다 합니다. 지구가 태양에 가까울 때가 겨울인 것은 지구가 태양 반대편으로 기울어져 있기 때문이라고 말했습니다. 자전축이 많이 기울어질수록 겨울은 더 춥고 여름은 더 덥겠지요?

자전축이 기울어졌다 처음대로 돌아오는 데 걸리는 시간은 약 4만 1천 년입니다. 3만 천 년 전에는 22도였고 1만 1천 년 전에는 24도였습니다. 지금은 잘 알고 있듯이 23.5도지요.

지구는 23.5도 기울어진 채로 자전축을 중심으로 흔들흔들 돕니다. 이것을 '세차 운동'이라고 합니다. 흔들리면서 원뿔 모양으로 돌아 처음 자리로 돌아오는 데 2만 6천 년이 걸립니다.

이 세 가지 운동이 지구가 태양 둘레를 돌면서 동시에 일어나고 있기 때문에 태양에서 받는 에너지의 양에 변화가 생기는 것입니다. 세 가지 운동을 한꺼번에 묶어서 지구 운동을 따져 보면 한 바퀴 돌아 처음으로 돌아오는 데 걸리는 시간은 약 2만 1천 년입니다. 이 기간 동안 태양 에너지를 많이 받는 때와 적게 받는 때의 차이가 20퍼센트 정도 납니다.

지금 기온에서 20퍼센트쯤 기온이 떨어지면 빙하기가 옵니다. 2만1천 년 전 가장 추웠던 때가 지금보다 기온이 약 5도 낮았거든요. 결국 태양 둘레를 도는 지구 궤도의 변화가 추운 시기(빙하기)와 따뜻한 시기(간빙기)를 결정짓는다고 볼 수 있습니다.

태양도 변한다

태양은 어떨까요? 날씨를 있게 하고 지구 에너지의 근원이 되는 태양은 영원히 변함이 없을까요? 만약 태양도 변한다면 지구 날씨에 영향을 주지 않을까요?

실은 태양도 끊임없이 변하고 있습니다. 우리 은하(은하수, 우리가 살고 있는 은하)의 가장자리에 자리잡고 있는 태양은 행성들을 거느리고 은하 둘레를 빠르게 돌고 있습니다. 행성들이 태양 둘레를 돌고 있듯이 말입니다. 태양도 영원하지 않습니다. 태양은 태어난 지 50억 년이 되었고 앞으로 50억 년 뒤에는 모든 에너지를 잃고 우주에서 사라질 것입니다.

지구는 딱딱한 돌로 되어 있지만 태양은 기체로 이루어져 있습니다. 그리고 지구처럼 자전도 합니다. 앞에서도 말했듯이 태양이 내는 에너지란 수소 4개가 뭉쳐 헬륨 하나가 되면서 생기는 여분의 질량이 내는 빛입니다. 태양의 수명이 50억 년 남았다는 것은 수소가 모두 헬륨으로 바뀌는 시간을 말합니다. 그때가 되면 더 이상 태양은 내보낼 에너지가 없는 거지요.

그런데 태양이 내보내는 에너지가 언제나 일정한 것이 아니라 아주 작지만 변화가 있습니다. 이것을 알 수 있는 것이 바로 태양 흑점의 변화입니다.

흑점은 태양 표면에 쌀알처럼 생긴 까만 점입니다. 이렇게 까맣게 보이는 것은 주위보다 온도가 낮기 때문입니다(태양 표면 6,000도, 흑점 4,000도). 흑점이 생기는 원인은 정확하게 밝혀지지 않았지만, 많은 과학자들은 태양 자기장의 변화 때문으로 보고 있습니다.

흑점은 짧게는 11년(8년에서 13년 사이), 길게는 80년을 주기로 나타납니다. 한 번 생기면 보통 며칠에서 몇 달까지 계속 있습니다.

흑점의 변화로 생기는 태양 에너지의 차이는 평균 0.1퍼센트 정도입니다. 이것은 아주 적은 양이기 때문에 지구 날씨에 크게 영향을 주지는 않습니다. 그리고 지구의 날씨는 바다가 얼마나 열을 품느냐에 따라 달라지는데, 짧은 기간 동안 태양 에너지가 조금 줄어든다고 해서 바다가 크게 달라지지는 않습니다.

그런데 지금까지 연구한 것에 따르면 흑점의 활동 주기와 지구의 날씨 변화가 매우 가깝게 일치하고 있습니다. 앞에서 말한 17세기(1650~1700년) 소빙하기 때는 태양의 흑점이 하나도 없었다고 합니다. 그때 이미 과학자들은 흑점을 관측해서 기록하고 있었는데, 태양에서 흑점을 하나도 볼 수 없었다고 기록했습니다.

아무튼 흑점의 변화와 지구의 날씨 관계는 아직 자세히 알 수 없습니다. 그러나 태양도 변하는 것은 틀림없는 사실이기 때문에 태양 에너지가 강하고 약함에 따라 지구 날씨는 분명 영향을 받을 것입니다.

예를 들면 태양이 생긴 지 얼마 되지 않았을 때, 그러니까 지금으로부터 40억 년 전에는 지금보다 태양 에너지가 훨씬 적었다고 합니다(지금의 4분의 3 정도). 그때는 지구가 완전히 얼음으로 덮여 있었습니다. 지금은 태양의 활동이 왕성한 때이지만 앞으로 몇억 년 뒤에는 천천히 줄어들 것입니다. 그때까지 인간이 살아 있다면 지금 석유가 부족한 것보다 훨씬 심각한 에너지 위기를 맞을지도 모르겠습니다.

바다는 날씨의 오른팔

지구의 70퍼센트를 덮고 있는 바다는 날씨와 뗄래야 뗄 수 없는 사이입니다. 바다에서 올라간 수증기는 구름이 되어 하늘을 덮고 땅 위에 비를 뿌립니다. 빗물은 땅과 그 위에 사는 모든 생물에게로 들어갔다가 다시 강과 지하수로 흘러 바다로 갑니다.

바다는 땅보다 열을 훨씬 많이 품을 수 있기 때문에 오래도록 태양 에너지를 저장합니다. 그래서 땅이 급히 음식을 먹다가 체한 사람처럼 열이 넘치거나 모자라서 캑캑거릴 때마다 바다는 기꺼이 열을 받아 주기도 하고 또 보내 주기도 하지요. 마치 언제나 넉넉하고 한없는 사랑을 베푸는 어머니처럼 말입니다.

수십 년 전까지만 해도 사람들은 바다에 대해서 거의 아무것도 몰랐습니다. 인공위성과 미생물(눈으로 볼 수 없는 작은 생물. 박테리아, 바이러스 따위들), 분자들을 분석할 수 있는 기술이 발달하면서 바다에 대한 연구가 많이 이루어졌습니다. 아직도 바다는 많은 신비로움을 간직하고 있지만, 요즘 들어 그 비밀이 조금씩 밝혀지고 있습니다. 최근에 밝혀진 가장 놀라운 사실 가운데 하나가 바닷물에도 공기의 순환처럼 지구 전체를 가로지르는 거대한 흐름이 있다는 사실입니다.

누구나 다 알고 있지만 바닷물에는 소금이 섞여 있습니다. 바다 전체로 보면 소금의 양은 일정하지만 지역에 따라서는 조금씩 다릅니다. 바닷물은 소금의 양이 많고 온도가 낮으면 밀도가 높아 아래로 가라앉고, 상대적으로 소금의 양도 적고 온도가 높으면 밀도가 낮아 위로 솟아오릅니다. 마치 무거운 공기와 가벼운 공기처럼 말입니다.

우리가 보는 바다는 그저 푸르기만 하지만 그 깊이는 엄청납니다. 땅에서 하늘로 솟은 것 가운데 가장 높은 산은 해발 8,800미터(에베레스트 산)밖에 되지 않지만 바다 밑으로 거꾸로 솟은 산은 1만 미터가 넘는 것도 있습니다. 말하자면 바다의 깊이가 그만큼 깊다는 거지요. 이렇게 깊은 바다를 '심해저'라고 합니다. 그리고 바다 표면에 흐르는 물을 '표층수' 라고 합니다. 표층수는 공기의 흐름에 영향을 받습니다.

따뜻한 바닷물을 '난류' 라고 하고, 차가운 바닷물은 '한류' 라고 합니다. 세계에서 유명한 난류는 멕시코 동쪽에 흐르는 '멕시코 만류' 와 일본 동쪽에 흐르는 '쿠로시오 난류' 가 있습니다.

멕시코 만류를 따라 거대한 바닷물의 흐름을 좇아가 봅시다. 멕시코 만류는 대서양 서쪽, 그러니까 미국과 멕시코의 동쪽 해안을 따라 흐릅니다. 이 따뜻한 물은 대서양 북쪽으로 흘러 그린란드 앞까지 갑니다. 이곳에서 바닷물은 차가운 공기를 만나 온도가 떨어집니다. 차가워진 표층수(얕은 바닷물)는 얼기 시작합니다. 어는 것은 물이기 때문에 녹아 있던 소금은 빠져 나옵니다. 그러면 바다속은 점점 소금의 양이 늘어나겠지요. 밀도가 높아진 바닷물은 마침내 아래로 가라앉습니다.

바다 깊은 곳으로 내려간 물은 대서양의 남쪽으로 천천히 흘러 내려옵니다. 그리고 아프리카의 가장 남쪽인 희망봉을 돌아 인도양과 태평양으로 흘러갑니다. 인도양과 태평양의 가운데에서 바닷물은 다시 따뜻해져 위로 올라옵니다. 이 중에 하나가 바로 쿠로시오 난류입니다.

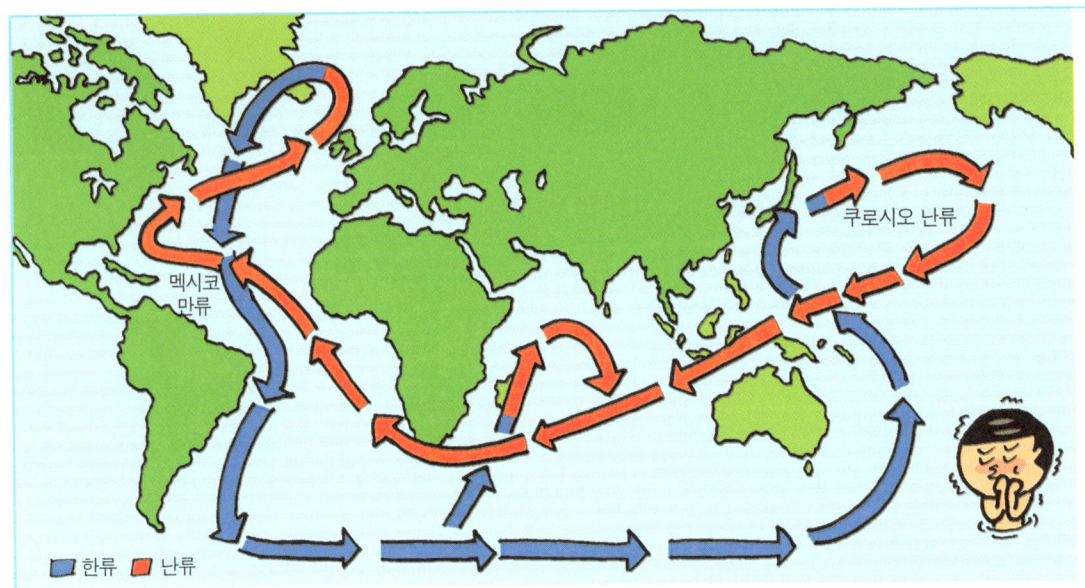

해류는 곧 바닷물의 흐름이다. 해류는 우리 몸의 피처럼 전 지구를 돌면서 날씨와 생태계에 큰 영향을 미친다.

　위로 올라온 바닷물은 다시 인도양을 돌아 대서양으로 흘러 멕시코 만류가 되고 그린란드 앞까지 가서 가라앉게 됩니다. 이것이 거대한 바닷물의 흐름(열염분 순환)입니다. 이렇게 한 번 도는 데, 얼마나 걸릴까요? 놀라지 마세요. 거의 1천 년이 걸린다고 합니다.

　이 거대한 바닷물의 흐름은 바다가 품고 있는 열을 옮기기 때문에 지구 전체 날씨에 크게 영향을 미칩니다. 남쪽 대서양을 돌아 올라오는 바닷물이 적도를 지나면 따뜻해져서 멕시코 만류가 되고 이것이 북쪽 대서양을 데우기 때문에 우리나라보다 위도가 한참 높은 유럽이 겨울에도 따뜻합니다.

그런데 이 거대한 흐름이 늘 안정적이지 않고 가끔 흐름을 멈추거나 약해지기도 하는 것이 최근에 밝혀졌습니다. 정상적인 흐름이 깨졌을 때 공기의 흐름에도 영향을 미쳐 지구 전체 날씨가 요동치게 됩니다.

지구 온난화를 예로 들어 볼까요. 지구가 따뜻해지면 어떤 일이 생길까요? 앞에서도 말했지만 남극과 북극의 얼음이 녹습니다. 그린란드는 북극 가까이에 있으며 우리나라보다 수십 배 큰 빙하로 덮여 있습니다. 이 빙하가 지금 아주 빠른 속도로 녹고 있어요.

빙하가 녹아 바다로 흘러가면 소금이 없는 물(담수)이 바다에 더해집니다. 그러면 바닷물이 묽어지겠지요? 남쪽에서 올라오는 멕시코 만류가 이 물을 만나면 소금물이 묽어져서 밀도가 높아지지 않기 때문에 바다 밑으로 가라앉기가 어려워집니다. 다시 말하면 빙하에서 녹은 물이 따뜻한 남쪽 바닷물이 북쪽으로 올라오는 것을 방해하는 것입니다. 그러면 겨울이 따뜻했던 유럽은 엄청난 추위에 빠져들 것입니다. 물론 대서양의 서쪽에 있는 미국도 이 변화에 영향을 받겠지요.

지구 온난화는 지구를 따뜻하게 하는 것이 아니라 결국에는 빙하기를 불러올 수도 있는 것입니다!

아기예수의 분노

바닷물의 거대한 흐름으로 지구 전체 날씨에 변화를 주는 일이 또 하나 있습니다. 해마다 크리스마스가 지난 얼마 뒤에 따뜻한 바닷물이 남아메리카 페루 해안을 따라 남쪽으로 흐르면서 많은 비를 뿌립니다. 그래서 이 지역에서는 늘 농사가 풍년인데, 예수가 태어난 뒤에 풍요로움을 가져다 준다고 해서 이것을 '엘니뇨'(아기예수, 또는 어린 소년이라는 뜻)라고 합니다.

하지만 엘니뇨는 풍요로움만 가져오는 것이 아니라 홍수와 가뭄도 덤으로 가져오기 때문에, 이제 엘니뇨를 하느님의 선물로 보는 사람은 거의 없습니다. 1998년에 엘니뇨가 불러온 페루의 홍수는 3만 채가 넘는 집을 부숴 버렸고, 수십 년 동안 계속되던 사막 지역을 거대한 호수로 바꿔 버렸습니다.

엘니뇨가 어떻게 생기는지 한번 알아봅시다. 물을 채운 커다란 그릇을 얼음 위에 올려놓고 오른쪽에서 강력한 선풍기로 바람을 보냅니다. 이때 선풍기에서 부는 바람은 따뜻하고 그릇 위에도 열을 내는 기구가 있어 물을 데워 준다고 합시다.

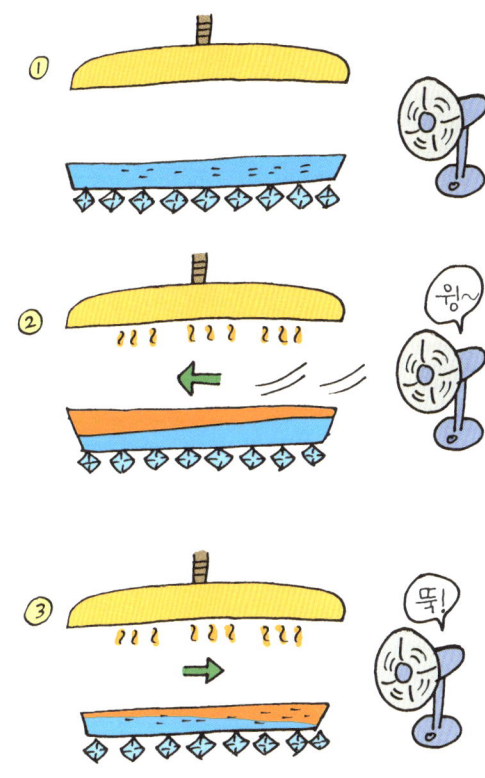

바람은 그릇에 든 물을 왼쪽으로 밀어 보냅니다. 수평에서 보면 그릇 왼쪽으로 물이 조금 부풀어올라 있습니다. 그리고 따뜻한 바람과 기구에서 내는 열 때문에 왼쪽으로 쏠린 물은 데워지겠지요. 한편 오른쪽은 물이 왼쪽으로 밀려갔기 때문에 그 빈 자리를 밑에서 차가운 물이 올라와 채웁니다. 왼쪽은 따뜻한 물이 모여 있어서 저기압이 생기고 오른쪽은 차가운 물로 고기압이 생기겠지요?

만약 여기서 선풍기의 바람이 약해진다면 어떻게 될까요? 왼쪽에 몰려 있던 따뜻한 물이 오른쪽으로 거꾸로 흘러가겠지요?

그러면 오른쪽 밑에서 올라오던 차가운 물은 더 이상 솟아오르지 못하고 그 위로 따뜻한 물이 밀려올 것입니다. 그러면 고기압이었던 곳이 저기압으로 바뀌면서 날씨가 나빠지겠지요?

아메리카 대륙과 아시아 대륙 사이에는 지구에서 가장 큰 바다 태평양이 있습니다. 페루가 있는 남아메리카 서쪽 해안은 태평양의 동쪽이고 인도네시아가 있는 아시아 남동쪽은 태평양의 서쪽 가장자리입니다.

적도 바로 아래에서는 코리올리 힘 때문에 언제나 남동 무역풍이 불고 있습니다. 페루 쪽에서 인도네시아 쪽으로 바람이 부는 거지요. 이 바람은 태평양 가운데서 따뜻하게 데워진 바닷물(표층수)을 태평양 서쪽 인도네시아 쪽으로 밀어 보냅니다. 그래서 태평양 서쪽은 동쪽보다 바닷물이 약 40센티미터 더 높습니다.

페루 해안에서는 서쪽으로 물이 밀려가서 바다 밑으로부터 영양이 풍부한 차가운 물이 올라옵니다. 이 때문에 많은 물고기가 몰려와 세계에서 몇 안 되는 풍성한 어장이 만들어집니다.

인도네시아에서는 따뜻한 바닷물이 상승 기류를 일으켜 많은 비가 내립니다. 그런데 어떤 원인 때문에 무역풍이 약해지면 서

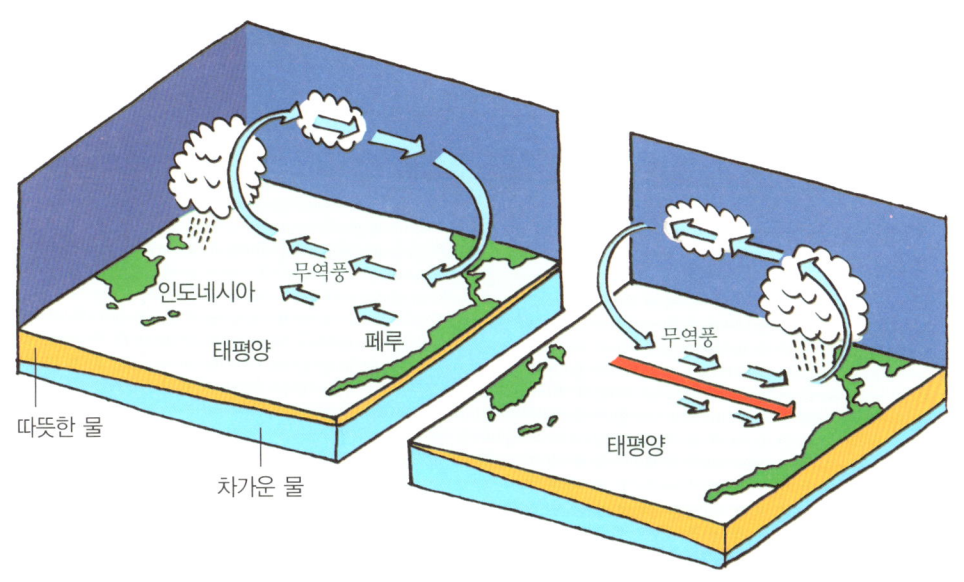

엘리뇨 현상 – 남미 페루 연안에서 태평양에 이르는 바닷물 온도가 주기적으로 상승하여 세계 여러 곳에 홍수, 가뭄, 폭설 등을 일으키는 기상 이변 현상. 왼쪽 그림이 공기의 정상 순환이고, 오른쪽 그림이 엘리뇨 현상을 나타낸 것이다.

쪽으로 밀려갔던 바닷물이 다시 동쪽으로 천천히 몰려옵니다. 이 물이 태평양 가운데를 지날 즈음에는 아주 따뜻해져서 태평양 동쪽과 남아메리카 서쪽에 엄청나게 많은 비를 뿌립니다. 이것이 엘니뇨입니다.

한마디로 태평양의 동쪽 바닷물을 2~10도 정도 높이는 엘니뇨는 정상적인 공기의 거대한 흐름을 깨뜨려 지구 전체의 날씨를 뒤죽박죽으로 만들어 버립니다. 인도는 계절풍이 약해지고 호주와 아프리카에는 가뭄이 심하게 들며 미국과 멕시코에서는 폭우가 쏟아져 전 세계의 날씨가 크게 흔들립니다.

따뜻한 바닷물 때문에 페루에서는 물고기가 죽어 어부들의 수확이 줄고 브라질, 아프리카에서는 가뭄 때문에 커피 생산이 줄어들었습니다. 이처럼 엘니뇨는 세계 경제에도 큰 영향을 미치고 있습니다. 우리나라는 아직 엘니뇨의 영향을 정확하게 파악하지 못하고 있으나 엘니뇨가 강할 때는 여름 날씨가 서늘하고 겨울 날씨가 따뜻해집니다.

엘니뇨와 반대로 바닷물이 5개월 이상 보통 때의 온도보다 0.5도 낮아지는 것을 '라니냐' (어린 소녀라는 뜻)라고 합니다. 이때도 세계 여러 나라에서 기상 이변이 일어나 많은 피해를 입고 있습니다.

엘니뇨는 2~7년 사이에 한 번씩 불규칙하게 생기는데, 갈수록 강해지고 있습니다. 이것 때문에 과학자들은 지구 온난화가 엘니뇨에 영향을 주고 있는 것이 아닌가 생각하고 있지만, 아직 그 관계를 명확하게 밝혀 내지는 못하고 있습니다.

미래의 날씨

그릇에 물을 떠서 젓가락으로 휘저어 보세요. 또 물방울을 한 두 방울 떨어뜨려 보세요. 아주 작은 변화에도 그릇 전체 물이 흔들리고 요동을 치지요? 날씨도 이와 똑같습니다.

중국 베이징에서 나비가 날개를 한 번 펄럭이면 미국 뉴욕에 폭우가 쏟아진다는 말이 있습니다. 처음에는 아주 작은 움직임이었지만, 그것을 더 크게 확대시키는 어떤 작용이 일어나면 순식간에 커다란 움직임으로 변한다는 것을 뜻합니다.

한 아이가 장난으로 친구에게 발을 걸었다가 화가 난 친구와 싸우게 되고 그것을 말리려던 다른 친구가 끼어들어 싸움은 커집니다. 급기야 다친 친구가 병원에 실려 가고 달려온 엄마 아빠들이 서로 싸웁니다. 이것이 9시 뉴스에 방송되면서 온 나라가 시끌벅적 난리가 납니다. 조그만 사건이 나라 전체를 뒤흔드는 결과를 가져온 거지요.

세계에서 가장 큰 아마존의 숲이 마구잡이로 파괴되면 식물이 햇빛과 이산화탄소를 흡수하는 능력이 떨어져 지구는 더욱 더워질 것입니다. 남아도는 열대 지방의 열과 수분이 극지방으

공상날씨만화 과자와 지구

① 과자를 먹는다.

② 친구가 좀 달라고 하는데 주지 않는다.

③ 혼자서 다 먹으려고 급하게 먹다가 배탈이 난다.

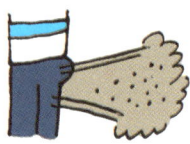
④ 소화가 안 되니 방귀가 나온다.

⑤ 독한 방귀 냄새에 꽃과 나무가 기절한다.

⑥ 이윽고 지구에 산소가 모자라게 되고….

⑦ 모두 산소마스크를 쓰고 학교에 간다.

⑧ 마스크를 벗으면 안 되니까 과자도 못 먹게 한다.

⑨ 즉, 지구의 평화를 위하여 사이좋게 나눠 먹자!

로 옮겨지면 북극에는 평소보다 더 많은 눈이 내릴 것입니다. 눈은 햇빛을 잘 반사시키기 때문에 극지방은 더욱 추워집니다. 그러면 더 두꺼운 얼음이 쌓이겠지요.

　지구 온난화로 극지방의 얼음이 녹으면 그 동안 땅을 누르고 있던 얼음의 무게가 줄어서 짓눌려 있던 땅들이 위로 솟아오릅니다. 지각 변동으로 산사태가 일어나거나 화산, 지진이 더 자주 생길 것입니다.

　이처럼 자연은 서로 물고 물려 있으며 꼬리에 꼬리를 이어 얽히고설켜 있습니다. 지구 온난화가 빙하기를 가져올지도 모르는 까닭이 여기에 있는 것입니다.

　지금까지 이야기한 것으로 짐작해 보면 날씨가 변하는 까닭은 크게 세 가지가 있습니다. 태양 에너지와 태양 둘레를 도는 지구의 운동, 그리고 지구의 3분의 2를 차지하고 있는 바다입니다. 여기서 한 가지를 더 추가한다면 바로 우리 인간들입니다.

여기서 잠깐!

1985년 남극 대기를 관찰하던 영국 과학자가 오존층의 오존이 지난 10여 년 동안 계속 줄어들어 남극 하늘에 구멍이 뚫린 것을 발견했습니다.

그전부터 오존층에 변화가 생기고 있다고 여러 과학자들이 경고를 했는데 그것이 사실로 드러난 것입니다.

오존층을 파괴하는 물질은 프레온가스(염화불화탄소, 또는 CFCs)입니다. 처음에 이 물질은 냉장고를 차게 하는 냉매로 개발되었습니다. 그 뒤 몸에 해롭지 않은 매우 안정된 물질로 알려져 스프레이 제품과 반도체 같은 분야에 아주 많이 쓰였습니다.

프레온 가스는 안정된 물질이기 때문에 다른 물질과 반응하지 않고 하늘 높이 올라갈 수 있으며 오래도록 분해되지 않습니다(50년에서 수백 년, 심지어 1,000년 이상 걸리는 것도 있대요). 성층권에서 머무는 프레온 가스는 자외선에 의해 분해되어 오존을 파괴합니다. 게다가 이것은 온실 효과를 일으키는 물질입니다. 그것도 이산화탄소보다 무려 수만 배나 더 강력합니다.

1987년에 세계 여러 나라들이 모여 프레온 가스 사용을 줄이자고 의논했습니다. 그 뒤 사용량은 많이 줄어들었고, 2015년 이후에는 모든 나라가 더 이상 프레온 가스를 쓰지 않기로 약속을 했습니다. 그러나 벌써 써 버린 프레온 가스는 오랫동안 공기 중에 남아 있기 때문에 앞으로도 몇십 년 동안 오존층은 계속 파괴될 것입니다.

오존은 하늘 높은 곳에서는 우리를 지켜 주는 고마운 기체지만 땅 위에서는 몸에 해로운 오염 물질입니다.

더운 여름, 도시는 뜨거운 태양열로 아스팔트가 지글거리고 자동차들이 뱉어 놓은 매연으로 숨이 막힐 정도로 공기가 탁해집니다. 여기서 자동차 배출 가스와 강한 햇빛이 작용해서 오존이 만들어집니다. 오존은 적은 양일 때는 상쾌한 기분을 느끼지만 양이 많아지면 눈과 목이 따갑고, 더 심해지면 폐와 호흡기가 나빠질 수 있습니다. 또 식물의 광합성 능력을 떨어뜨려 잘 자라지 못하게 합니다.

오존층에 커다란 구멍이 뚫려 있다. 오존층은 태양빛에 섞여 있는 해로운 자외선을 막아 주므로 매우 중요하다.

꼭 오존 때문은 아니지만 1952년 12월에 영국 런던에서는 짙은 매연(스모그) 때문에 4주 동안 무려 4천 명이 넘는 사람들이 죽었습니다. 겨울 날씨가 아래는 차고 위는 따뜻한 역전층을 만들어서, 공장에서 나오는 연기와 자동차 배기 가스가 빠져 나가지 못하고 도시에 갇히면서 생긴 일이었습니다. 그 뒤 영국은 철저하게 대기 오염을 줄여서 요즘은 많이 좋아졌다고 합니다.

산성비는 화석 연료를 쓸 때 나오는 황산화물이나 질소산화물 같은 오염 물질이, 내리는 빗물에 녹아 흙이나 강물, 호수, 바다를 산성화시키는 것을 말합니다.

옛날부터 산성비는 내렸습니다. 그러나 화석 연료를 많이 쓰면서 산성화가 훨씬 커졌기 때문에 문제가 되는 것입니다. 산성화가 강해지면 강물과 바닷물이 썩어 물고기가 살지 못합니다. 땅에서는 흙이 황폐해져 나무들이 자라지 못하고 농사도 지을 수 없습니다.

실제로 1960년대부터 세계 여러 나라에서 산성비에 대한 피해가 보고 되고 있습니다. 독일, 스웨덴, 핀란드 같은 나라에서는 산성비로 나무가 없는 숲이 생겨났으며 호수에 녹아든 산성 물질 때문에 물고기가 떼죽음을 당하기도 했습니다.

인류가 지구에 나타난 지는 약 5백만 년쯤 되었지만 지난 수백만 년 동안 인간은 지구의 작은 부분에 지나지 않았습니다.

사실 인류가 자연을 파괴하기 시작한 것은 지금으로부터 약 1만 년 전 농사를 짓기 시작하고부터입니다. 농사는 농사지을 땅이 필요하고 일할 사람이 많아야 하기 때문에 숲을 파헤치고 인구를 늘리지 않을 수 없습니다. 인구가 늘어나면 식량은 더 필요하고 그러면 땅도 더 늘어나야 합니다. 악순환이 되는 거지요.

어쨌든 지난 9천 5백 년 동안 인류는 온갖 어려움을 겪으며 자연에 적응해 왔습니다. 끊임없는 전쟁과 자주 퍼지는 전염병 때문에 수많은 사람들이 죽기도 했지만, 인류는 지구 전체에 퍼져 무수한 어려움을 헤치며 삶을 개척해 왔습니다.

하지만 18세기에 일어난 산업 혁명만큼 인류의 삶을 크게 변화시킨 것은 없을 것입니다. 전기, 기계와 같은 과학 기술이 발전하면서 인류는 엄청난 물질 문명을 일으킬 수 있었습니다. 그 덕분에 그전보다는 훨씬 많은 사람들이 배고픔에서 벗어날 수 있었습니다. 하지만 아직도 인류는 굶주림에서 완전히 해방되지 못했습니다.

산업이 발달할수록 더 많은 에너지가 필요했기 때문에 사람들은 석탄을 캐기 시작했고, 지금으로부터 약 150년 전에는 마침내 석유를 개발했습니다. 인구는 아주 빠르게 늘어났고 화석 연료(석탄, 석유)도 상상할 수 없을 만큼 많이 썼습니다. 석유가 날 것 같은 땅은 모조리 구멍을 뚫었을 뿐만 아니라, 물보다 싸다고 석유를 물 쓰듯 펑펑 썼습니다. 남은 석유가 앞으로 50년을 쓸 수 있을지 30년을 쓸 수 있을지는 과학자들도 장담하지 못합니다. 거의 바닥났다는 얘기지요.

이렇게 인류가 풍요롭게 살기 위해 마구 써 온 화석 연료가 이제는 인류를 죽음으로 몰아갈 수도 있다는 사실을 깨달은 것은 겨우 몇십 년 전입니다. 오늘날은 온실 효과를 일으키는 기체들뿐만 아니라 농약, 환경 호르몬, 독극물, 그 밖에 자연을 파괴하고 생명을 죽이는 오염 물질들이 지구 전체를 뒤덮고 있습니다.

옛날에도 지구는 빙하기 동안 여러 번 따뜻한 시기(간빙기)가 있었습니다. 2만 1천 년 전 마지막 빙하기 뒤로 지구는 따뜻했습니다. 그런데 지난 천 년 동안의 날씨를 조사해 보니 기온이 조금씩 떨어지는 것으로 밝혀졌습니다. 과학자들은 이것을 보고 빙하기가 다시 오는 것이 아닌가 의심하고 있습니다.

그런데 놀라운 것은 1900년을 지나면서 날씨가 다시 따뜻해지고 있다는 것입니다. 이것은 세계가 물질 문명을 이루면서 화석 연료를 쓴 때와 맞아떨어집니다. 자연의 거대한 변화를 인간이 거꾸로 돌리고 있는 것입니다.

1980년대부터 세계는 지구 온난화가 화석 연료 때문인 것으로 결론을 내리고, 화석 연료를 덜 쓰자고 의논하고 있지만 아직까지 잘 되고 있지 않습니다.

선진국들은 개발 중에 있는 나라들이 마구잡이로 에너지를 쓴다며 오염 물질을 줄이라고 하지만, 개발 국가들은 가난을 떨

치기 위해서는 어쩔 수 없다고 반발하고 있습니다. 중국, 인도가 바로 그런 나라들입니다.

우리나라도 세계 10위 안에 드는 에너지 사용 국가이지만 아직 강제로 줄여야 하는 나라(선진국)에 속하지는 않습니다. 가

장 문제가 되는 나라가 미국입니다. 미국은 세계 에너지의 25퍼센트를 혼자 쓰고 있습니다. 그러나 화석 연료를 줄여 쓰라는 다른 나라의 요구를 듣지 않습니다. 강대국의 오만이지요.

지구 온난화가 정말 인간이 공기 속으로 내뿜은 이산화탄소 때문인가에 대해서는 아직도 논란이 많습니다. 앞에서도 말했지만 지구 공전 궤도의 변화도 틀림없이 날씨에 영향을 줄 수 있기 때문입니다.

사실 그 동안 화석 연료의 사용으로 공기 중에 뿜어진 이산화탄소가 고스란히 높은 하늘에 갇혀 있었다면 지구는 벌써 오래 전에 지금보다 훨씬 더워졌을 것입니다. 지난 몇백 년 동안 쏟아진 이산화탄소는 모두 어디로 갔을까요? 바로 숲과 바다에 있습니다. 나무와 풀들이 광합성을 하면서 이산화탄소를 마셨고, 또 물에 잘 녹기 때문에 드넓은 바다가 품고 있는 거지요.

오늘날 과학자들은 오로지 인간의 활동 때문에 지구 온난화가 일어나고 있다고 보지는 않습니다. 지구가 따뜻해지는 것도 자연스러운 변화 가운데 하나이니까요. 그러나 만약 온난화가 지구의 갑작스런 불균형 때문에 생기는 재앙이고 그것이 이산화탄소의 증가 때문이라면, 이것은 인간이 만들어 낸 온난화겠지요.

　과학자들은 그 어느 때보다 빠르게 지구가 데워지고 있다는 사실을 가장 크게 걱정하고 있습니다. 글쓴이가 이 글을 쓰고 있는 동안 수마트라 섬에서 지진 해일이 일어나 수십만 명이 죽었다고 했는데, 오늘(2005년 1월 10일)은 북유럽(덴마크, 스웨덴)에 폭풍우가 몰아쳐 나무가 뿌리째 뽑히고 수십 명이 죽었다고 합니다. 게다가 미국 캘리포니아에 폭우가 쏟아져 커다란 산사태가 일어났다는 뉴스까지 나오고 있습니다.

　대체로 유럽의 날씨는 여름은 시원하고 겨울은 따뜻한 것으로 알려져 있습니다. 그런데 최근 몇 년 동안 여름은 너무 덥고 겨울은 많은 눈과 비, 갑작스런 추위가 몰려오고 있습니다.

　유럽뿐만이 아닙니다. 온 세계가 기상 이변에 고통을 받고 있습니다. 지난 2002년 여름, 우리나라 강릉에 하룻동안 쏟아진 비(870밀리미터)는 일 년 동안 내리는 비(일년 평균 강수량 1200밀리미터)와 맞먹었습니다. 지난 3월에는 충청도에 엄청난 눈이 내려 충청도 사람들이 커다란 재산 피해를 입었습니다. 3월에 충청도에 그렇게 많은 눈이 내리기는 처음이었다고 합니다.

　지구는 우리가 마음대로 파괴해도 되는 물건 같은 것이 아닙니다. 지구는 스스로 자기를 보호하고 지키는 유기체(생명체)와 같은 존재입니다. 그런데 스스로 자기를 유지할 수 있는 능력을 벗어나면 마치 팽팽하던 고무줄이 끊어지는 것처럼 무너질 수도 있습니다.

지구는 지금 살고 있는 우리들의 것이 결코 아닙니다. 지구 그 자체, 지구 안에서 살아가는 모든 생명체들의 보금자리입니다.

우리들의 후손도 아름답고 살기 좋은 지구에서 행복을 누려야 할 권리가 있습니다. 이것이 지금 우리가 지구를 파괴해서는 안 되는 까닭이기도 합니다.